CONGRÈS DE LA PROPRIÉTÉ BATIE DE FRANCE

LYON 1894

SECTION III

LA SUPPRESSION DES OCTROIS

RAPPORT

PAR

M. J.-B. PEY

Secrétaire de la Chambre syndicale des Propriétés immobilières de la Ville de Lyon,

Secrétaire de l'*Union des Chambres Syndicales Lyonnaises*

LYON

IMPRIMERIE & LITHOGRAPHIE DU SALUT PUBLIC

71, Rue Molière, 71

1894

LA SUPPRESSION DES OCTROIS

Parmi les questions d'ordre fiscal qui préoccupent le plus l'opinion publique, on peut, sans contredit, ranger celle relative à la suppression des octrois.

On comprend sans peine cette préoccupation quand on constate que notre pays compte 1518 douanes intérieures renfermant dans leur enceinte une population de plus de 14 millions d'habitants ! et le sentiment de réprobation contre l'octroi, nullement factice comme le disent quelques-uns de ses partisans, se justifie amplement quand l'on songe que cet impôt, improportionnel et injuste, est peut-être celui qui coûte le plus à percevoir, qui fait perdre le plus de temps au contribuable et lui cause le plus de vexations.

Avant d'examiner les motifs qui militent en faveur de la suppression des octrois et de discuter les objections,il convient de tracer un historique succinct de cet impôt.

I

Historique des Octrois.

Sous l'ancienne monarchie, lorsque le roi demandait des aides, des subsides aux villes, il accordait aux dites villes une portion du produit pour être employée aux nécessités urgentes de la communauté. Il en fut ainsi en 1295 pour Lyon et en 1350 pour la ville d'Amiens qui eurent les premiers octrois en France.

Pendant longtemps les octrois furent autorisés pour une période limitée; mais l'édit de décembre 1663 et l'ordonnance du 12 juillet 1681, décidèrent qu'à l'avenir il serait lèvé, à perpétuité, au profit du roi, la moitié de tous les droits d'octroi, tant anciens que nouveaux ; et que l'autre moitié des droits, également perçus à perpétuité servirait aux dettes et charges des villes.

Toutefois, les octrois qui furent autorisés postérieurement à l'ordonnance de 1681 ne furent pas astreints au partage et les droits étaient perçus tout entiers au profit des villes.

Il serait difficile de donner une idée de ce qu'était la réglementation des octrois sous l'ancien régime. Ils étaient établis suivant les facultés, le commerce, les productions et le territoire de chaque ville; « il y en a presque autant, d'espèces différentes, dit le jurisconsulte Merlin, qu'il y a de villes qui jouissent de pareilles concessions; ils diffèrent non seulement par rapport aux marchandises qui y sont assujetties mais aussi quant à la nature des droits et à la forme de leur perception. Dans certains lieux, ils se lèvent à l'entrée; dans plusieurs à la vente en gros, et dans d'autres enfin, à la vente en détail. Ils diffèrent encore quant aux dénominations sous lesquelles ils sont perçus. »

Les octrois furent supprimés par la loi du 19 février 1791; mais comme aucune ressource nouvelle ne fut donnée aux villes en remplacement des taxes disparues, elles ne purent plus subvenir à leurs dépenses. L'Etat qui faisait fonctionner la planche aux assignats, fit quelques avances aux villes. On autorisa également les villes à aliéner des propriétés communales dans la limite de leurs besoins, mais ce n'était là que des expédients.

On dut revenir a un impôt dont le rendement fut assuré.

La loi du 9 germinal an V, ordonna, (art. 6) qu'en cas d'insuffisance des centimes additionnels de la contribution personnelle et mobilière pour les dépenses communales, il y serait pourvu par des contributions indirectes et locales dont l'établissement et la perception ne pourraient être autorisés que par le corps législatif à peine de concussion.

La ville de Paris n'eut recours à l'octroi que dix-huit mois après la loi de l'an V. Ce n'est que le 27 vendémiaire an VII (18 octobre 1798) qu'une loi rétablit l'octroi parisien.

Quelques dispositions de cette loi sont intéressantes à reproduire :

Art. 1. — Il sera perçu par la commune de Paris, un octroi municipal et de bienfaisance conformément au tarif annexé à la présente loi, spécialement destiné à l'acquis de ses dépenses locales, et de préférence à celle de ses hospices et de ses secours à domicile.

Le souvenir des anciennes tracasseries se traduit dans l'article 3, ainsi conçu :

« Dans aucun cas, les citoyens entrant dans la commune de Paris, à « pied, à cheval ou en voiture de voyage (1), ne pourront sous le

---

(1) L'ordonnance du 9 décembre 1814, (art. 30 et 31) permet de conduire devant un officier de police ou devant le Maire tout individu soupçonné de faire de la fraude.

En outre, la même ordonnance permet la visite des voitures particulières, diligences, fourgons, fiacres, cabriolets, voitures de louage.

« prétexte de la perception de la taxe municipale, être arrêtés, ques-
« tionnés ou visités sur leur personne, ni à raison des malles et valises
« qui les accompagnent. Tous actes contraires à la présente disposition
« seront réputés acte de violence.

« Les délinquants seront poursuivis par la voie de la police correc-
« tionnelle, ils seront condamnés à cinquante francs d'amende et à six
« mois de prison. »

La loi du 27 vendémiaire an VII, était spéciale à la ville de Paris, et comme beaucoup d'autres villes réclamaient le rétablissement de leurs octrois, une loi réglementaire générale dut intervenir. Ce fut la loi du 11 frimaire an VII, qui permit d'établir des taxes indirectes et locales sauf sur les grains et farines, fruits, lait, beurre, fromages, légumes et autres menues denrées servant habituellement à la nourriture des hommes.

La loi prescrivait aussi aux administrations municipales de veiller à ce que le mode de perception entraine le moins de frais possible, le moins de gène qu'il se pourra pour la liberté des citoyens, des communications et du commerce.

La loi du 5 ventôse an VIII (24 février 1800), délégua au Gouvernement le droit d'accorder à l'avenir les autorisations d'octroi :
« Art. 1er. Il sera établi des octrois municipaux et de bienfaisance
« sur les objets de consommation locale dans les villes dont les hospices
« n'ont pas de revenus suffisants pour leurs besoins. »

La loi du 11 juin 1842 (art. 9), rendit au pouvoir législatif une partie de ses prérogatives en décidant que seul le Parlement statuerait sur les surtaxes proposées en ce qui concerne les boissons (vins, cidres, alcools). La même loi stipula, en outre, que l'établissement des taxes et les règlements relatifs à leur perception seraient désormais approuvés par des ordonnances rendues dans la forme des règlements d'administration publique, c'est-à-dire après avis du Conseil d'Etat.

La loi du 5 avril 1884 sur l'organisation municipale (art. 137) a consacré cette procédure, mais avec des distinctions qu'il est utile de signaler.

Ainsi les Conseils municipaux ont plein pouvoir pour accroître dans la limite des maxima réglementaires les taxes existantes du tarif (art. 139 de la loi précitée).

Ils peuvent, d'un autre côté, diminuer ces taxes et même les supprimer entièrement à la condition que leur délibération, préalablement soumise à l'Assemblée départementale, soit approuvée par le Préfet.

Mais en ce qui concerne les règlements, les périmètres, l'imposition des objets nouveaux, les Assemblées départementales n'ont qu'un avis à émettre, c'est au Chef de l'Etat qu'il appartient de statuer par décret.

Peu après leur rétablissement les octrois furent soumis à un prélèvement au profit de l'Etat, sans doute en souvenir de l'ancien régime où le Roi recevait la moitié des encaisssements.

Un arrêté du Gouvernement du 24 frimaire an XI ordonna que pour subvenir à la dépense d'une distribution journalière de pain blanc aux troupes stationnées dans l'intérieur « chacune des villes dont la popu- « lation s'élève au-dessus de 4.000 habitants, et au profit desquelles « il est perçu un droit d'octroi versera au Trésor public cinq pour cent « du produit net dudit octroi. »

Ce prélèvement fut porté à 10 0/0 pour les communes ayant plus de 20.000 fr. de revenus (loi du 24 avril 1806, art. 75).

Puis cette subvention forcée à l'Etat fut étendue à tous les octrois de France sans affectation à la dépense spéciale qui l'avait motivée. — Ce n'est qu'en 1852 qu'elle fut supprimée (décret du 17 mars) et que les recettes de l'octroi eurent bien réellement un caractère municipal complet.

En même temps que l'Etat exigeait une subvention des villes à octroi, il leur réclamait en outre les dépensee de casernement et des lits militaires qui ne pourront dans aucun cas, s'élever par année au-dessus de 7 fr. par homme et 3 fr. par cheval pendant la durée de l'occupation, au moyen de quoi les réparations et loyers des casernes et de tous autres bâtiments ou établissements militaires, ainsi que l'entretien de la literie et l'occupation des lits militaires seront à la charge du Gouvernement. (Loi du 15 mai 1818 et ordonnance du 5 août 1818).

Le Code complet de l'octroi renferme un grand nombre de lois, décrets, ordonnances, etc., qui vont de la loi de l'an VII (18 octobre 1798), rétablissant l'octroi de Paris, à la loi du 5 avril 1884 sur l'organisation municipale. Nous avons relevé 68 textes légaux dont l'ensemble forme un monument assez touffu.

Pour terminer cet exposé historique, il faut mentionner le décret organique du 12 février 1870, rendu en exécution de la loi du 24 juillet 1867 sur les conseils municipaux; ce décret établit un tarif général fixant le maximum des taxes à percevoir suivant le chiffre de la population.

Ajoutons enfin qu'un régime spécial a été fait à la ville de Paris. La capitale n'est pas soumise au tarif maximum édicté par le décret du 12 février 1870.

Le Conseil municipal de Paris a le pouvoir de réduire ou de supprimer des taxes existantes, mais ne peut voter le moindre relèvement sans l'intervention d'un décret.

Au point de vue des Règlements établis pour la perception des droits, il en a été de même. Ainsi l'entrepôt est régi par un règlement du 23 décembre 1814, modifié par une ordonnance du 22 juillet 1831.

L'*entrepôt industriel* organisé par le décret du 12 février 1870 n'est également pas applicable à Paris. On a créé pour la capitale, par le décret du 10 janvier 1873, un système de compensation entre les entrées et les sorties qui équivaut à l'entrepôt industriel.

Le régime d'exception fait à la ville de Paris par la législation des octrois s'explique tout naturellement par l'importance et la nature particulière de la capitale. Nous indiquerons plus loin quelles conséquences découlent, selon nous, de cette situation.

II.

Statistique des Octrois.

Le nombre et l'importance des recettes des octrois en France sont indiqués dans le tableau suivant :

Années.	Octrois.	Recettes brutes.
1831	1467	54.242.906
1841	1437	81.036.298
1851	1433	95.672.987
1861	1460	154.188.566
1871	1510	156.587.933 (1)
1881	1536	286.630.410
1892	1518	312.856.187

Le nombre des octrois n'a donc pas sensiblement augmenté ; depuis 10 ans il a même une tendance à diminuer.

Il n'en est pas de même des recettes.

En 1831, elles s'élevaient à 54,242,906 fr.

En 1892, elles passent à 312,856,187 fr. Pendant cette période, elles ont donc presque sextuplé. Il y a là un enseignement fiscal : l'instrument mis aux mains des communes est d'un maniement trop facile. C'est ce qui leur a permis de s'endetter avec tant d'insouciance (2).

SUBDIVISIONS DES RECETTES.

Il est intéressant de voir comment se composent les recettes d'octroi.

Les recettes brutes totales ont été en 1892 de 312,856,187 fr., savoir :

Octroi des départements.	157.644.261
Paris.	152.293.588
Octroi de banlieue (Seine).	2.918.338
TOTAL égal.	312.856.187

(1) Insurrection de Paris.

(2) La dette des communes s'élevait au 31 mars 1891 à 3,293,000,000.

Au point de vue des catégories taxées, ces recettes ont été obtenues comme suit :

Boissons et liquides.	136.028.847
Comestibles.	85.949.310
Combustibles.	40.071.941
Fourrages.	16.772.249
Matériaux.	29.395.655
Objets divers.	3.896.579
Recettes accessoires (escortes, entrepôts) . . .	741.606
TOTAL égal.	312.856.187

Le principal chapitre est celui des boissons et liquides qui se décompose ainsi :

Vins.	75.628.155
Cidres.	3.168.395
Alcools.	31.935.671
Huiles non minérales.	5.382.932
Bières.	17.250.067
Autres liquides (limonade, vinaigre).	2.663.627
TOTAL.	136.028.847

En ce qui concerne la population assujettie à l'octroi, le *Bulletin de statistique* du Ministère des finances (avril 1894) indique que les 1518 villes à octroi englobaient en 1892 une population de 14,108,352 habitants, c'est-à-dire près de 40 0/0 de la population française.

Ceci dit, nous allons examiner et comparer les recettes, les frais de perception en classant les octrois en trois catégories.

En première ligne, la ville de Paris pour laquelle un régime spécial a été établi.

En deuxième ligne, 54 villes ayant plus de 30,000 habitants.

Enfin, en dernier lieu, les autres octrois au nombre de 1463.

	Population.	Recettes d'octroi.
	—	—
Ville de Paris.	2.386.232	152.293.588
54 villes de plus de 30,000 habitants.	4.401.195	44.594.492
1463 autres octrois.	7.320.925	65.968.107
TOTAUX.	14.108.352	312.856.187

Ce petit tableau est très suggestif; il montre l'importance écrasante de la ville de Paris, et les difficultés que la solution de la question qui nous occupe rencontre du chef seul de l'octroi parisien.

Dans un grand nombre de villes, les recettes d'octroi constituent le plus clair des revenus communaux. Le travail fait par M. Hennequin, chef de bureau au Ministère de l'intérieur, sur la situation financière des octrois en 1886, montre que pour 130 villes les produits de l'octroi comptent pour 56,6 0/0 (1). Les ressources provenant de l'octroi représentent donc plus de la moitié des encaissements généraux de ces communes.

Enfin, deux mots sur les frais de perception. En 1892, ils se sont élevés à 26,488,992 fr. pour toute la France, ce qui, pour une recette totale de 312.856,000 fr. représente 8. 47 0/0 comme moyenne. Si on considère ces frais pour chacune des trois catégories ci-dessus, cette moyenne passe à :

5 61 0/0 pour Paris ;

10 1/2 0/0 pour 54 villes au-dessus de 30,000 habitants ;

12 12 0/0 pour 1463 villes au-dessous.

Les chiffres ci-dessus sont des moyennes générales, mais si on examine de près, on voit des octrois où les frais de perception atteignent des taux très élevés.

A Toulouse, le taux est de 14 07 0/0 ; à Orléans, de 15 74 0/0 ; à Perpignan, de 15 81 0/0 ; à Cette, de 16 32 0/0.

M. Guillemet, dans son rapport, dit qu'aucun impôt ne coûte aussi cher à percevoir ; tandis que les frais de perception ne s'élèvent, pour les douanes, qu'à 7 7 0/0 et à 4 0/0 pour les contributions proprement dites, ils sont de :

30 0/0 dans	54	octrois.
30 à 25 0/0.	24	—
25 à 20 0/0.	77	—
20 à 15 0/0.	250	—
15 à 11 0/0.	400	—
10 0/0 et au-dessous. . . .	367	—

Il y a là une véritable anomalie, car il n'est pas rationnel qu'un impôt, dont la perception absorbe une partie importante du produit, puisse subsister. C'est une tache pour notre organisation fiscale.

III.

Projets et tentatives de Suppression.

Indépendamment de la suppression momentanée des octrois en 1791, il y eut des tentatives faites dans le même sens à diverses époques.

(1)
Produits de l'octroi	241.137.384 fr.	ou	56,6 0/0.
Produits des centimes additionnels. .	56.107.596	—	13,2 0/0.
Recettes diverses	128.482.538	—	30,2 0/0.
	425.727.518 fr.	ou	100 0/0.

En 1830, M. le comte de Chabrol, alors ministre des Finances, proposait l'établissement d'un impôt unique et *ad valorem* (1) sur les boissons et il examinait s'il ne conviendrait pas d'abandonner le prélèvement du dixième opéré par le Trésor sur les droits d'octroi, dans le cas où les droits d'octroi sur les vins seraient supprimés afin de faciliter aux communes le remplacement du revenu dont elles seraient privées.

En 1846, M. de Genoude proposa à la Chambre la suppression des octrois et leur remplacement par un impôt sur la propriété ; la proposition fut repoussée.

En 1848, le Gouvernement provisoire essaya d'une suppression partielle et supprima les droits sur la viande de boucherie et de charcuterie (2), cette suppression dura 4 mois seulement.

En 1851, MM. Jorez et Soubre. députés, proposèrent l'abolition des octrois, mais sans prévoir quoi que ce soit pour les taxes de remplacement.

En 1865, MM. Glais-Bizoin demanda au corps législatif la suppression

---

(1) Disons tout de suite que l'impôt *ad valorem* qui, en théorie paraît équitable, est absolument inefficace et impraticable avec le système actuel des octrois. D'une part, il est ressorti d'une statistique faite à l'octroi de Paris que les vins, par exemple, se divisent comme suit :

5 0/0 vins de luxe,
11 0/0 vins dits bourgeois,
84 0/0 vins ordinaires.

En surtaxant de 20 fr. par hectolitre les vins de luxe, et de 10 fr. les vins bourgeois, on obtenait une somme qui permettait de dégrever les vins ordinaires de 2 fr. 48 par hectolitre. C'est peu pour beaucoup de tracas. En effet, il entre à Paris 1.720.000 pièces par an, soit 144.000 par mois ou 5.760 par jour. Comment arriver à classer tous ces tonneaux ? Où trouver des dégustateurs ?

La taxation *ad valorem* est donc à abandonner en tant que taxe à l'entrée des villes.

(2) Décret du 18 août 1848 :

Au nom du peuple français, le Gouvernement provisoire, considérant que la subsistance du peuple doit être une des premières préoccupations de la République, qu'il importe surtout de diminuer le prix des objets d'alimentation qui peuvent ajouter aux forces physiques des travailleurs.

Décrète :

Art. 1. — A Paris, les droits d'octroi sur la viande de boucherie sont supprimés.

Art. 2. — Ces droits seront remplacés :

1° Par une taxe *spéciale et progressive* sur les propriétaires et sur les locataires occupant un loyer de 700 fr. et au-dessus.

2° Par un impôt somptuaire établi sur les voitures de luxe, les chiens et les domestiques mâles quand il y aura plus d'un domestique mâle attaché à la famille.

(3) Un décret du 24 avril a étendu la suppression à la viande fraiche de porc et à la charcuterie.

des octrois ; en 1869, il déposa un amendement au budget stipulant qu'à partir du 1er janvier 1870, les octrois seraient abolis ; les ressources de remplacement étaient fournies aux communes par l'impôt personnel et mobilier ; l'impôt des portes et fenêtres ; l'impôt des patentes ; l'impôt sur les chiens et l'impôt sur les permis de chasse, et enfin, par la faculté de voter des centimes additionnels à l'impôt mobilier et aux patentes.

L'amendement de M. Glais-Bizoin ne fut pas adopté.

En 1880, la question des octrois fut remise à l'ordre du jour par M. Menier, député, qui proposa d'autoriser les communes à remplacer leurs octrois par des taxes dont elles détermineraient elles-mêmes l'assiette.

Cette proposition fut prise en considération par la Chambre des Députés et renvoyée à la Commission de la réforme de l'Impôt des boissons, mais elle ne fut pas rapportée.

Le 8 juin 1880, le Conseil municipal de Paris votait, sur la propositon de M. Yves Guyot, la suppression de l'octroi et son remplacement par une taxe sur la propriété bâtie et non bâtie ; mais le vote du Conseil resta sans sanction de la part du Gouvernement.

Le 22 juin 1886, M. Yves Guyot, alors député de la Seine, déposait sur le bureau de la Chambre une proposition de loi, portant suppression des octrois — et autorisant les Conseils à voter des taxes directes. M. Yves Guyot laissait la faculté d'établir des taxes progressives, mais à condition qu'il soit statué par une loi sur le taux de la progression.

La proposition de M. Yves Guyot, votée avec amendement en première lecture par la Chambre, devint caduque par suite de l'expiration de la législature.

M. Guillaumou, député du Rhône, reprit la proposition votée ; de son côté, M. Guillemet, député de la Vendée, déposa une proposition qui s'inspirait largement de la proposition Glais-Bizoin, c'est-à-dire qui abandonnait aux communes les contributions personnelle, mobilière, portes et fenêtres et patentes.

L'Etat trouvait une compensation dans le relèvement du droit sur l'alcool de 156 fr. 25 à 250 fr. par hectolitre, et par la suppression du privilège des bouilleurs de crû.

Enfin, en cas d'insuffisance des produits des trois contributions, les communes pouvaient créer des taxes directes.

Les communes sans octroi devaient employer les ressources nouvelles mises à leur disposition à organiser, compléter et améliorer les services d'assistance publique.

Malheureusement, au sein de la commission des octrois, M. Guillemet crut devoir, sous prétexte de faciliter la réforme, abandonner sa proposition pour se rallier à celle déjà votée par la Chambre et qui, comme nous le verrons, ne signifie pas grand chose.

Le 4 mai 1893, la Chambre des députés votait à nouveau, presque sans discussion et après déclaration d'urgence, la suppression facultative des octrois.

Aux termes du texte voté, les communes auront le droit de remplacer l'octroi en tout ou en partie, sous réserve de l'approbation législative, par des taxes directes.

Ces taxes ne devront être prélevées que sur des propriétés ou objets situés sur la commune ou des revenus en provenant.

Elles devront s'appliquer à toutes les propriétés, objets ou revenus de la même nature.

Elles devront être assises sur des propriétés ou objets tangibles, ou des signes apparents de richesse.

Elles devront être proportionnelles.

Cette proposition de loi, transmise au Sénat, a été renvoyée à l'étude d'une commission spéciale dont l'honorable M. Bardoux est président et rapporteur. Cette commission n'a pas encore publié son rapport.

En dehors du Parlement, des propositions de suppression des octrois ont été étudiées.

Nous avons cité le vote du 8 juin 1880, du Conseil municipal de Paris — il y a surtout la délibération du Conseil municipal de Lyon du 20 mars 1888, prise sur le rapport de M. le Dr Gailleton, maire de Lyon, du 27 avril 1887. — Ce rapport est évidemment le travail le plus complet qui ait été fait jusqu'ici sur la question des octrois et les taxes locales existant à l'étranger. M. Guillemet lui a fait de si larges emprunts qu'on peut dire que le rapport de M. le Maire de Lyon a été inséré dans celui de M. Guillemet.

En novembre 1888, les municipalités de Toulouse et d'Alençon ont demandé la suppression des octrois. Le Conseil municipal de Saint-Etienne a pris aussi, le 15 novembre 1888, une délibération supprimant l'octroi et le remplaçant par un impôt sur la valeur vénale des propriétés bâties et non bâties.

Le Conseil municipal de Lyon demande, dans sa délibération, à remplacer l'octroi par des taxes directes sur la propriété bâtie et non bâtie, sur les cafés, brasseries, comptoirs, restaurants, sur les constructions, sur les chevaux ; l'application de ces taxes devant se faire en quatre années.

IV

Pourquoi l'octroi doit être supprimé

Dans son rapport M. Guillemet (1) rappelle que Turgot adressait aux octrois le reproche de frapper les contribuables sans tenir compte

(1) P. 17.

ni de leurs besoins, ni de leurs ressources; de prélever une taxe relativement plus faible sur les objets de luxe que sur les objets de première nécessité.

Ce reproche n'a pas cessé d'être vrai.

Ajoutons, avec M. de Horn (1), publiciste, que l'octroi frappe les besoins les plus indispensables à la vie: la nourriture, la boisson, le chauffage et l'éclairage. La famille la moins aisée ne saurait guère échapper à ces exigences: elle s'en trouve atteinte tous les jours, à toutes les heures. La seule différence entre le riche et le pauvre est celle-ci: pour le rebut de l'étal que seul il peut acquérir, le pauvre paie juste autant d'octroi qu'en paie le riche pour les morceaux de choix qui coûtent et valent trois fois autant. Et cette situation est sans remède, car la perception des droits d'après un système *ad valorem* est absolument impraticable. La démonstration a été faite. (V. *Suprà*, p. 8).

On peut différer d'opinion en ce qui concerne la répercussion plus ou moins inégale des taxes d'octroi sur les diverses classes de la population, mais ce que tout le monde doit reconnaitre c'est que l'octroi atteignant principalement les aliments, se trouve assis, en fait, sur les besoins de première nécessité, et non d'après les facultés des citoyens. Il y a là, une violation complète des principes les moins contestés de l'économie politique.

La viande, le vin, sont des aliments absolument indispensables de nos jours; les droits d'octroi en diminuent la consommation cela est certain; et, c'est d'autant plus regrettable que ces droits atteignent les familles les plus humbles d'une façon inique (2).

On ne peut nier l'influence des droits d'octroi sur la consommation.

Ces droits la restreignent d'une quotité égale au rapport existant entre le prix de la denrée et le montant du droit dont cette denrée est frappée. Ceci est tellement élémentaire que la démonstration est inutile.

Soit, diront les partisans de l'octroi, la consommation pourrait se développer si les droits étaient supprimés, et si cette suppression profitait aux consommateurs; mais les intermédiaires seuls en tireraient profit. Et, ils citent les tentatives de suppression de 1791, de 1848, à Paris, de 1870, à Lyon (3).

---

(1) *Journal des Economistes*, 1886.

(2) M. Tramuset, préposé en chef de l'octroi d'Epernay, dit que l'impôt que atteint le vin est proportionnel au goût de chacun, puisque personne n'est obligé de le payer... La consommation du vin est une nécessité, mais n'est pas une nécessité absolue, et l'on peut très bien s'en passer un jour, sauf à si donner cette jouissance le lendemain. (*De la réforme de l'octroi*, Paris, Guillaumin, 1892, p. 41.).

(3) *Chambre des députés*. Séance du 7 février 1889. *Officiel*, p. 349. Discours de M. Arnous.

Hâtons-nous de répondre : en 1791, la situation générale était trop troublée, les finances trop mal assises, pour qu'il soit possible de tirer des déductions déterminantes de ce qui s'est passé à cette époque. D'ailleurs, il faut bien remarquer que si on avait supprimé les recettes d'octroi on n'avait rien mis à la place.

En 1848, le gouvernement supprime les droits sur la viande de boucherie et de charcuterie ; mais l'expérience ne dura que trois mois ; il n'est donc pas possible de raisonner sur ce fait particulier où le temps a manqué pour laisser se produire le phénomène de l'abaissement du prix.

Quant à la tentative faite à Lyon, en 1870, elle ne prouve rien, sauf la légèreté des administrateurs municipaux, attendu que si l'octroi fut supprimé pendant quelques mois, ce fut dans des circonstances telles que tous les commerçants qui profitèrent de sa suppression, étaient assurés que cette suppression ne serait pas de longue durée ; aussi, ont-ils agi en conséquence et ont-ils gardé pour eux le bénéfice de la suppression temporaire des droits.

Les exemples cités par M. Arnous contre la suppression des octrois ne nous paraissent donc guère déterminants.

Nous croyons, nous, que l'intermédiaire ne garderait pas bien longtemps les différences des droits supprimés. S'il en était autrement, jamais le public ne pourrait s'apercevoir d'une baisse de prix ; il continuerait de payer toujours au même prix : vêtements, chaussures, linge ? Les commerçants ne se feraient jamais concurrence entre-eux ? Aucun ne voudrait détourner la clientèle à son profit en promettant un prix plus bas que son voisin ? Ce serait absurde.

La suppression des octrois en Belgique a, quoi qu'on en dise, été suivie d'une baisse des prix des denrées affranchies. « Le public con-
« sommateur disait M. Anspach, bourgmestre, de Bruxelles, a dû néces-
« sairement jouir de cette différence de dégrèvement des matières
« soumises à l'octroi. Nos habitants ont profité directement de la dimi-
« nution de prix sur les matériaux, sur le charbon, sur le gaz (1). »

Dans un autre document, il disait : « Une réduction réelle de prix
« sur plusieurs objets détaxés a suivi l'abolition des octrois. Il est résulté
« d'une enquête sommaire faite à ce sujet, au commencement de 1861,
« qu'une diminution était accordée aux consommateurs par beaucoup
« de marchands, notamment dans les villes de Gand, Verviers,
« Bruxelles, Liège, Termonde, Malines, Spa, Saint-Nicolas, Renaix,
« Saint-Trond, Courtrai, Bruges, etc., sur des objets qui étaient soumis
« à une taxe assez élevée pour être appréciable, eu égard aux quantités

(1) Lettre publiée dans l'*Enquête agricole*, 1869, tome II, p. 424.

« qu'on achète habituellement à la fois. Des marchands annonçaient « même cette réduction pour attirer les chalands (1). »

Il est bien certain que ce qui s'est passé en Belgique se passerait en France où la taxe qui atteint les objets de consommation courante est malheureusement très appréciable. Pour ne parler que de Lyon, nous voyons que le tarif de cette ville renferme les taxes suivantes :

Vin : 6 francs l'hectolitre ou . . .	0f06 le litre (2).
Bière : 15 francs — . . .	0,15 —
Bœuf vivant : 4 francs les 100 kil. ou	0,10 le kil. viande fraîche.
Mouton — 4f50 —	0,10 —
Veau — 8 francs —	0,14 —
Poissons 1re catég. 40 fr. les 100 k. ou	0,40 le kilog.
— 2e — 20 —	0,20 —
— 3e — 10 —	0,10 —
Volaille, en moyenne	0,20 —
Fromages, en moy. 6 fr. les 100 k. ou	0,06 —
Houille : 1f20 les 100 kil. ou. . . .	0,09 la benne de 75 kil.

Par l'énumération qui précède on peut se rendre compte de la probabilité de diminution des prix en cas de suppression de taxes. Evidemment, la diminution n'aura pas lieu du jour au lendemain ; l'intermédiaire cherchera à conserver pour lui le montant du droit supprimé, mais l'aiguillon de la concurrence aura vite raison de sa résistance.

Comme nous l'avons dit, les droits d'octroi restreignent la consommation ; la démonstration a été faite à diverses reprises, notamment à Nantes (3).

(1) Rapport déposé à l'appui du budget des recettes et des dépenses par ordre, de l'année 1863, cité par M. Alfred Guignard : *La suppression des octrois*, 1888.

(2) Les droits d'entrée perçus pour le compte de l'Etat sont de 7 fr. 94, ce qui porte la charge par hectolitre à 13 fr. 94.

(3) M. Guillemet, dans l'annexe 12 de son rapport, cite les faits et chiffres suivants extraits de l'*Histoire des octrois de Nantes* :

		1800-1808	1816-1835	1835-1852	1886
Vins	Consommation par tête . .	337 litres	131	144	150
	Droit par hectolitre. . . .	1f75	4f40	3f20	3f20

		De l'an XI à 1811	1832-1852
Viande de bœuf	Consommation par tête . .	17 kil. 405	11 kil. 736
	Droit par bœuf.	12 fr.	25 fr.

		An X à an XIII	1832-1852
Viande de mouton	Consommation par tête. .	11 kil. 023	5 kil. 640
	Droit par mouton.	0f50	3 fr.

Dans une récente discussion à la Société d'Economie sociale, M. Cheysson explique que la consommation du vin, à Paris, qui s'élevait, en 1881, à 258 litres par an et par habitant est tombée, en 1892, à 188 litres ; il attribue cette diminution aux droits élevés de l'octroi sur le vin (1).

Sans doute, la diminution n'est qu'apparente, car le mouillage et la falsification compensent et au-delà les diminutions. Mais que dire de droits qui provoquent de tels résultats ? — N'est-il pas honteux comme l'écrit le *Journal de l'Epicerie de Paris*, de faire payer aux artisans et aux misérables trois sous de droit pour boire un litre de vin de trois sous.

Les partisans de l'octroi ne répondent pas grand chose à ces arguments. Ils reconnaissent qu'il y a quelque chose à faire dans le sens d'une réduction des droits trop élevés, principalement en ce qui concerne les denrées de première nécessité.

Un défenseur des octrois que nous avons déjà cité, M. Tramuset, dit que l'octroi est un impôt équitable, parce qu'il frappe tous les consommateurs d'une ville, mais il ne les frappe qu'en raison de leurs ressources, c'est-à-dire de leurs dépenses, puisque c'est un impôt de consommation (2).

Le raisonnement n'est peut-être pas très solide : car les ressources et les dépenses d'un contribuable sont choses absolument distinctes et qui n'ont souvent qu'une corrélation fort éloignée.

Les défenseurs de l'octroi disent encore (3) qu'il n'est pas exact de soutenir que l'octroi est injuste ; qu'il frappe également et injustement d'une taxe égale les familles où le *nécessaire* est tout et les familles dont le nécessaire ne représente pas le dixième de la dépense.

Et à l'appui, ils font remarquer que dans les familles réduites au nécessaire, la taxe est également réduite à la consommation personnelle des membres de cette famille, tandis que dans la famille riche ou aisée, la taxe frappe directement sur la consommation personnelle de la famille, puis sur la consommation des domestiques et autres personnes nourries et entretenues par cette famille, de sorte que si elle paye la même taxe que l'ouvrier, par exemple, elle paie autant de fois cette taxe qu'elle a de personnes étrangères à sa charge. La proportionnalité se retrouve et l'octroi entre pour une plus forte part dans la dépense de la famille riche que dans celle du ménage pauvre.

---

(1) Société d'Economie sociale. Séance du 12 mars 1894. *Réforme sociale*, du 16 avril 1894, p. 643.

(2) Tramuset, *Op. cit.*, p. 44.

(3) Tramuset, *Op. cit.*, p. 39.

Cette argumentation a été souvent employée et, en effet, elle paraît assez déterminante. Seulement, il faut voir ce qu'elle vaut dans la réalité des faits.

A Lyon, où la population est d'environ 430,000 habitants, on a recensé 19,103 domestiques, ce qui représente 4 1/2 0/0 environ de la population totale. On avouera que le raisonnement qui précède, si logique qu'il paraisse, porte à côté dans l'espèce.

Il n'est pas probable que, sauf à Paris, peut-être, la proportion de domestiques soit plus élevée qu'à Lyon.

Ensuite, on prétend, disent les défenseurs de l'octroi, que l'octroi pèse sur les familles qui vivent de salaires. Cette objection est aussi inexacte que la première; la preuve c'est que le taux du salaire est toujours déterminé par les exigences de la vie dans la localité. En effet, il existe des différences incontestées entre les salaires d'ouvriers identiques, suivant qu'ils habitent des communes rurales, des villes médiocrement populeuses ou de très grandes cités. L'octroi et les autres charges peuvent augmenter les dépenses de l'ouvrier; mais l'élévation progressive des salaires a pour résultat de l'indemniser, et la charge ne fait que passer sur sa tête, pour retomber, en définitive, sur celui qui l'emploie.

Par conséquent, ce n'est pas sur l'ouvrier que pèse l'octroi mais sur l'industrie.

Or, cette charge correspond aux exigences de l'industrie en fait de services municipaux (pavage, éclairage, police, secours). Il est donc dès lors rigoureusement juste que l'industrie supporte directement ou indirectement une part correspondante des taxes.

En théorie c'est parfait; mais dans la pratique que se passe-t-il?

A Lyon, il est indéniable que le coût de la vie, surenchéri par les droits d'octroi, a puissamment aidé au déplacement du tissage de la soie. Les tisseurs poussés par l'élévation sans cesse croissante du prix des denrées ont voulu appliquer la formule rappelée plus haut : faire retomber sur l'employeur la charge des droits d'octroi, en un mot augmenter leurs salaires ou prix de façon. L'employeur, talonné par la concurrence nationale et étrangère, est allé chercher une main-d'œuvre moins chère dans la région, et il l'a trouvée dans la campagne, chez les ruraux. Voilà un des effets de l'octroi.

Il serait presque inutile de s'étendre sur de la critique que l'on adresse aux octrois au point de vue des vexations qu'ils comportent.

Chacun sait combien ce régime est inquisitorial. Tout le monde est sujet à vérification, à inspection souvent blessante, toujours désagréable. Il nécessite des formalités interminables et des retards très onéreux pour les personnes, le commerce et l'industrie ; il entrave la circulation le service des chemins de fer, soit dans les gares de marchandises, soit à l'arrivée des trains de voyageur pour la vérification des bagages.

Le stationnement prolongé aux bureaux d'octroi de ces longues files de voitures chargées de denrées, de matériaux, en un mot, de produits assujettis ou non, mais qui, tous doivent être vérifiés, provoque une perte de temps sans profit pour personne et au grand détriment de la fortune publique.

Sans doute, comme l'a dit humoristiquement, un éminent économiste (1), ces vexations ne sont que passagères ; elles laissent peu de traces une fois subies, elles n'entament guère que le caractère. Dès lors, on peut leur opposer le remède dont les Français ont toujours leurs poches remplies, la bonne humeur.

Mais les vexations de l'octroi ne se produisent pas seulement aux entrées dans les villes; il y a mieux. Voici l'article 14 du règlement de Lyon, des dispositions analogues existent d'ailleurs dans tous les règlements d'octroi de France.

« Toute personne qui récolte, prépare ou fabrique dans l'intérieur du « rayon de l'octroi des objets compris au tarif, est tenue sous peine de « confiscation des objets récoltés, préparés ou fabriqués, et d'une amende « de 100 à 200 francs, d'en faire la déclaration et d'acquitter immédia- « tement les droits, si elle ne réclame la faculté de l'entrepôt.

« Les préposés de l'octroi reconnaitront à domicile les qualités récol- « tées, préparées ou fabriquées, et feront toutes les vérifications néces- « saires pour prévenir la fraude. »

En un mot, les habitants des banlieues des villes par exemple, qui récoltent quelques kilos de raisin, qui font quelques coupes de fourrage, qui émondent leurs arbres, qui ont vaches, moutons et même lapins, qui extraient du sable ou du gravier de leurs propres terrains, pour tout autre usage que la confection et l'entretien de la voie publique, devront déclarer les quantités, payer les droits ou constituer en entrepôt.

Les partisans de l'octroi reconnaissent qu'au point de vue du fonctionnement, des modifications s'imposent, mais le remède que quelques-une proposent parait pire que le mal.

Voici, par exemple, ce qu'indique M. Tramuset (2) :

1° Les colis, malles ou valises que transportent les voyageurs ou qui les accompagnent, ne pourront être l'objet de vérifications aux entrées des villes sujettes, que d'après un ordre formel du chef de service ou d'un employé supérieur, et sous la responsabilité de celui qui l'aura donné.

Les agents du cadre secondaire se borneraient simplement à recevoir les déclarations du public qui, pour éviter toute erreur et toute contestation, devrait être faites *par écrit*, sur des bulletins spéciaux fournis

(1) M. Stourm, *Société d'économie sociale*, séance du 12 mars 1894.

(2) Tramuset, *Op. cit.*, p. 196.

par l'administration de l'octroi. La perception sera faite immédiatement ou garantie, au moyen de passe-debout ou de bulletin d'entrepôt, d'après les indications inscrites par les intéressés.

2° Les déclarations applicables aux autres colis ou aux chargements d'objets passibles de l'impôt, seront également faites *par écrit* sur des bulletins à ce destinés, mais dans ce cas la vérification pourra en être faite par les préposés de tout grade, chaque fois qu'ils jugeront opportun de le faire.

L'innovation proposée est la déclaration *écrite*, elle nous parait plutôt aggraver la situation que l'améliorer, car au lieu de hâter la sortie des voyageurs elle provoquera des encombrements ; les étrangers, les gens de la campagne seront souvent très embarassés, ne connaissant pas la nomenclature des objets taxés. On entrerait ainsi dans une série de difficultés encore plus insurmontables.

Il y a aussi la question des entrepôts qui revêt une allure souvent vexatoire.

Ainsi, pour bénéficier de l'entrepôt, c'est-à-dire pour introduire des marchandises en suspension de droits, il faut opérer sur des quantités importantes, ce qui ne permet pas à la petite industrie de concurrencer la grande.

Est-il utile de citer les exemples rappelés par M. Yves Guyot et Frédéric Passy au sujet du fonctionnement des octrois. Vous achetez du foin sec, vous le remisez avant d'entrer en ville, sous un hangar; le brouillard de la nuit tombe sur le foin, le rend humide, et finalement en augmente le poids d'une façon assez notable. Vous déclarez à l'entrée le poids acheté et payé par vous ; on vérifie, on trouve un poids supérieur : contravention, procès-verbal, amende, etc., etc.

Devant la Commission d'enquête de 41, les facteurs de la halle sont venus déclarer qu'on dressait des procès-verbaux pour des erreurs de 3 kilog. sur 400 kilog. de beurre introduits.

M. Yves Guyot cite encore le cas d'un marchand de bestiaux qui, se rendant à une foire, faisait voyager ses bestiaux la nuit pour éviter la chaleur. Comme il lui fallut traverser une commune à octroi, il fut frappé d'un procès-verbal.

Les défenseurs de l'octroi tout en reconnaissant que des améliorations sont nécessaires, disent qu'en réalité les actes répressifs de l'Octroi sont relativement très minimes, et que 90 0/0 au moins sont transigés à l'amiable.

Nous ferons remarquer que les transactions dont il est question sont, au point vue financier, analogues pour le contribuable à une véritable condamnation.

M. Yves Guyot cite (Proposition de loi sur la suppression des octrois, du 12 juin 1886) un marchand de volailles de Paris, M. Bouet, qui, ayant envoyé un garçon porter un panier au Restaurant de Madrid, eut un procès-verbal parce que ce garçon au lieu de passer par le Bois de Boulogne avait passé par Neuilly sans déclarer sa marchandises.

Il y eut transaction :

M. Bouet dut payer :

1° 1 fr. 35 pour droit d'octroi sur le gibier transitant par Neuilly ;

2° 149 fr. 95 pour transaction (janvier 1878).

Il serait trop long d'énumérer les nombreux cas où l'Octroi est non seulement vexatoire, mais tracassier au possible.

L'existence de 1518 douanes intérieures est évidemment une gêne pour le développement industriel et commercial. En fait, c'est plus de 14 millions d'habitants isolés du reste de la population.

L'octroi tend naturellement à développer le protectionnisme local.

Le 20 octobre 1888, au Conseil municipal de Paris, M. Lyon-Alemand explique que tous les ouvriers parisiens des industries où les bois sont travaillés réclament des tarifs protecteurs pour les garantir contre les usines de *province* et de l'étranger qui envoient des bois ouvrés.

Le 11 décembre 1888, M. Humbert déposait au Conseil municipal de Paris une proposition où on lit ce qui suit :

« Considérant que la taxe de 3 fr. 60 établie par délibération du 2 avril 1881 sur la fabrication des fers à l'intérieur de Paris n'a pas eu pour effet d'égaliser, au point de vue du traitement, la fabrication parisienne à celle de la province, mais qu'elle constitue en réalité, au profit de cette dernière, un droit de protection ruineux pour nos usines. »

A Lyon même, il y a quelques années, des groupes de tisseurs n'eurent-il pas l'idée de demander l'établissement d'une taxe d'octroi sur les pièces de soieries tissées au dehors ; le dehors, en style d'octroi, c'est la commune limitrophe.

On conçoit fort bien ces réclamations de la part des ouvriers des villes dont la vie est renchérie par les droits d'octroi.

M. Leroy-Beaulieu s'était bien rendu compte de cet état d'esprit quand il écrivait que « les principes généraux veulent que les droits « d'octroi n'aient qu'un caractère fiscal et qu'ils n'affectent jamais un « caractère protecteur, c'est-à-dire qu'ils n'aient pas pour but ou effet « de mettre les produits de la commune et des banlieues à l'abri de la « concurrence des produits des autres parties du territoire national. Il « est des combinaisons de tarifs différentiels qui ont été inventées par « certaines villes ; le Conseil d'Etat les a repoussées. Mais ces efforts « ne peuvent qu'atténuer les abus sans les extirper : ceux-ci sont « inhérents au système et ne pourront disparaître qu'avec lui. Quoi « qu'on fasse l'octroi conservera toujours quelque chose du caractère « de la douane intérieure (1) ».

(1) *Traité de la Science des finances*, 3e édition, page 634.

Comme toutes les contributions indirectes l'octroi donne une prime à la fraude, et plus cette prime est forte, moins il y a d'âmes assez trempées pour y résister.

Cette prime, dit M. Yves Guyot, est une protection donnée au commerçant malhonnête contre le commerçant honnête. Le premier bénéficie de toutes les charges que de semblables impôts font peser sur le second.

L'octroi tend aussi très souvent à oblitérer le sens moral chez les fonctionnaires chargés de sa perception.

Sans parler des octrois en ferme dont la surveillance est difficile, et où le fermier cherche à conquérir une complète liberté d'action au prix de quelques exonérations habilement consenties et parfois acceptées (1), il est utile de constater ce qui se passe dans de trop nombreuses villes. La *Revue Administrative* du 7 novembre 1891 est très explicite à cet égard :

« Vous savez tous que réglementairement les octrois municipaux sont vérifiés tous les trois ans au moins, par un inspecteur des contributions indirectes. Vous n'ignorez pas non plus que ces investigations ne sont le plus souvent qu'une formalité banale, un prétexte à congratulations réciproques, une dérivation agréable aux multiples occupations de l'inspection. Nos inspecteurs savent ce qu'il y au fond de ce nid de guêpes qu'on appelle les octrois ; ils se gardent bien d'y engager même aussi doucement que possible le bâton ferré de la loi. Une telle entreprise ne saurait que leur attirer de désagréables piqûres, sous forme d'ennuis de toutes sortes, de conflits, de potins, de clabauderies, au bout desquels leur position personnelle pourrait très bien être mise en péril.

« Il n'est pas de position administrative plus délicate, plus difficile, plus instable que celle du préposé en chef d'octroi. Aux prises avec des municipalités changeantes, avec des ambitions locales d'autant plus âpres qu'elles s'exercent sur un plus petit terrain, avec des appétits qui demandent avant tout satisfaction, ces chefs de services sont bien vite placés dans cette alternative : ou bien fermer les yeux et laisser libre cours à la fraude des entrepositaires électeurs influents ou même conseillers municipaux, ou bien se renfermer strictement dans leurs obligations, ne pactiser avec personne et assurer fidèlement la rentrée de l'impôt communal. Ceux-là entrent dans une voie pénible, féconde en chutes de toutes sortes. Le martyrologe des préposés serait long à écrire.

Les préposés en chef qui sont parvenus à donner à leur service autonome une complète indépendance, ne sont pas aussi nombreux qu'on le pense. Le plus grand nombre, soit incompétence, soit pusillanimité ou bien alliance ouverte ou secrète avec les intérêts qu'ils ont mission de combattre, soit encore qu'ils obéissent à des instructions formelles, pratiquent assez volontiers la maxime du laisser-aller. Ainsi

(1) *Notes statistiques sur la situation financière des Octrois.* — Ministère de l'Intérieur. — 1888, page 52.

vont les choses le plus souvent dans les octrois des agglomérations moyennes, la régularité administrative ne se rencontrant que dans les octrois des grandes villes.

C'est pourquoi neuf fois sur dix, la vérification sérieuse des octrois aboutit à des constatations stupéfiantes. Malheureusement ces constatations sont peu fréquentes, pour des causes diverses dont nous avons énuméré quelques-unes.

Quoi qu'il en soit, l'impôt communal n'est généralement pas sévèrement garanti et s'échappe par toutes sortes de fissures.

C'est peut-être l'argument le plus solide qui pourrait être invoqué contre l'institution de l'Octroi. »

Et comme conclusion la *Revue Administrative* demande que les préposés en chef soient nommés par le Ministre.

Nous ne voulons retenir de cette longue citation que la constatation de la pression immorale qui se produit dans les petites villes, et elles sont nombreuses puisque si de 1518 octrois qui existent en France, on déduit les 55 villes comptant plus de 30,000 habitants, il reste 1463 octrois où la population assujettie est de 7,320,925 habitants, soit 5,000 habitants en moyenne.

Il faut avouer que, comme le dit la *Revue Administrative* il y a là, au point de vue de la moralité publique un grief sérieux contre les octrois.

Il est encore un fait certain, c'est que l'octroi excite à la falsification des denrées. M. Lyonnais, député, disait à la Chambre, le 9 février 1889 « La mortalité considérable que l'on observe chez les enfants dans les grandes villes provient en grande partie de ces falsifications que ces taxes odieuses de l'octroi rendent, je ne dirai pas nécessaires, mais explicables pour les malheureux qui s'en rendent coupables. Et, par conséquent, sous ce rapport-là, il est incontestable que la suppression des octrois rendra des services incalculables aux masses ouvrières, à celles qui consomment, c'est-à-dire, en définitive, à tout le monde. Car, il n'y a pas que les ouvriers qui soient exposés à consommer des objets frelatés ; vous aussi, qui avez de la fortune, vous êtes dans le même cas. Vous y êtes moins exposés, c'est possible, mais vous y êtes exposés dans une certaine mesure. »

On répondra à ce qui précède que les produits soupçonnés d'être falsifiés peuvent être soumis aux bureaux municipaux d'hygiène pour être analysés, et le cas échéant, les vendeurs punis. C'est vrai, en théorie. Mais, en fait, il faut reconnaître qu'il n'existe pas partout des bureaux d'analyses et que d'autre part, il n'est pas dans les mœurs de faire vérifier fréquemment les denrées alimentaires.

D'ailleurs, précisément en vue d'éviter des poursuites pour tromperie sur la qualité de la marchandise vendue, certains débitants affichent ce qui suit : *Tous les vins vendus ici sont additionnés d'eau ; toutes les liqueurs et spiritueux sont de fantaisie...*

Au point de vue de l'hygiène générale, il faut remarquer que l'octroi nuit gravement à la santé des populations des villes en les enfermant dans une enceinte limitée et en s'opposant à leur expansion au dehors. Ainsi que le fait remarquer M. Cheysson, (1) pour les municipalités des grandes villes, le citadin est le serf de l'octroi, et n'a le droit d'y échapper sous aucun prétexte. Toutes les questions sont ramenées à ce point de vue mesquin de l'octroi ; si une ville fait campagne afin d'obtenir une caserne, un collège, une faculté, ce n'est pas pour ces établissements envisagés en eux-mêmes, c'est pour l'octroi. On consentira peut-être à donner aux Parisiens un métropolitain qui leur permettra de circuler dans Paris ; mais il sera bien entendu qu'on se gardera de leur procurer des lignes rayonnantes, qui pourraient leur donner la fâcheuse inspiration d'aller porter au loin leurs consommations, et de se soustraire ainsi au tribut qu'ils doivent à l'octroi.

Or, s'il est aujourd'hui un principe d'hygiène incontestable, c'est que, pour rendre les villes salubres, il faut en étendre indéfiniment le périmètre et en diminuer la densité... C'est surtout en Angleterre que ce principe d'hygiène est admirablement respecté. La population de Londres, par exemple, trop à l'étroit dans l'enceinte de la ville, s'extravase au dehors, et, grâce à des moyens de transport à la fois puissants et économiques, elle se répand dans la banlieue pour y chercher de l'air et de l'espace. On va le matin dans la Cité et l'on en revient le soir par une sorte de grande marée qui a son flux et son reflux, ou encore par une circulation analogue à celle du sang qui après avoir accompli son œuvre vivifiante dans l'organisme, vient se régénérer au contact des poumons. C'est ainsi qu'une population de près de 6 millions d'habitants (1892) vit dans des conditions d'hygiène infiniment supérieures à celles de notre population parisienne. Londres s'est successivement annexé tous les villages de sa banlieue ; sa densité est faible ; chaque famille peut avoir sa maison avec de la place, de l'air et du soleil. Mais Londres n'a pas d'octroi. Si Londres avait un octroi, sa municipalité se serait certainement arrangée pour mettre bon ordre à cette expansion indiscrète, et pour forcer les gens, au lieu de s'étaler en surface, à se superposer en hauteur, comme le font les passagers des navires dans leurs couchettes, ou comme le font les parisiens dans leurs caravansérails à plusieurs étages.

L'œuvre des maisons ouvrières dans la banlieue, continue M. Cheysson, n'est possible qu'avec des transports à très bas prix et puissamment organisés pour desservir les besoins de cette masse humaine. L'octroi,

(1) *Réforme Sociale*, 16 avril 1894, p. 645.

loin de se prêter à cette œuvre, l'entrave, non par malveillance, mais par incompatibilité de principes : ceci ne peut vivre avec cela. Et c'est encore un nouveau grief que les amis de l'Economie sociale doivent avoir contre l'octroi qui engendre et maintient artificiellement ces gigantesques agglomérations, dont la densité excessive est aussi contraire à la santé publique, qu'à la paix sociale et à l'individualité de la famille. »

Personne jusqu'ici n'a répondu à ces sages considérations, probablement parce qu'il n'y a rien à leur opposer.

V

Pourquoi l'octroi doit être maintenu.

Soit, répondent les partisans de l'octroi, cet impôt à des défauts, mais quel impôt n'en a pas ; il est vexatoire, contraire au développement des affaires et peu compatible avec la moralité et l'hygiène ; mais si vous le supprimez, comment ferez-vous pour obtenir la participation des classes ouvrières dans les charges publiques. Actuellement, dans les grandes villes, elles obtiennent des exonérations de taxe mobilière parce qu'elles sont frappées par l'octroi. Si vous supprimez cet impôt, laisserez-vous subsister l'exemption de la taxe mobilière ?

Les services d'assistance, les écoles, etc., sont institués surtout dans l'intérêt de l'ouvrier ; en lui faisant payer les droits d'octroi « on lui demande une prime d'assurance contre l'excès d'ignorance et l'excès de misère, suivant l'expression de M. Ernest Brelay. La démocratie règne et gouverne, au moins indirectement, et il serait absurde et même odieux que, imitant les protectionnistes, elle voulut vivre de la substance d'autrui. Tout le monde doit payer en raison de ses facultés et puisque du petit au grand, chacun commande plus ou moins, il faut que chacun paie. »

Nous sommes absolument d'accord avec M. Brelay en ce sens que nous n'admettons pas les exemptions totales d'impôt, et que comme lui nous désirons que chacun paie selon ses facultés. Mais où nous différons, c'est sur la forme sous laquelle l'impôt doit être perçu. M. Brelay bien que n'admirant pas l'octroi en demande le maintien ; nous, nous préférons à tous les points de vue que l'octroi soit supprimé et remplacé par des taxes directes, personnelles et générales.

Tel n'est pas l'avis de nombreux partisans de l'octroi, impôt indirect qui se perçoit sans que le contribuable s'en aperçoive, et qui à ce titre mérite quelques égards, et ils citent Montesquieu :

« Les droits sur les marchandises sont ceux que les peuples sentent « le moins, parce qu'on ne leur fait pas une demande formelle. Ils

« peuvent être si sagement ménagés que le peuple ignorera presque « qu'il les paie. (1). »

Au premier rang des défenseurs de l'impôt indirect se place M. Thiers :

« L'impôt direct est le plus incommode de tous, parce qu'il va chercher le contribuable pour exiger, à tel jour, à telle heure une somme que celui-ci n'a pas eu la précaution de mettre de côté, tandis que le second, confondu dans le prix de tout ce qui s'achète, se paie insensiblement à mesure des consommations, et que le contribuable ne mange, ne boit pas une fois, ne porte pas un vêtement qu'il ne soit forcé d'acquitter une de ces contributions sans le vouloir, sans le savoir. Aussi les populations, seulement en cédant à leur propre impulsion, n'hésitent-elles jamais à préférer l'un à l'autre de ces impôts. Dans presque toutes les grandes villes, en effet, on demande à convertir la contribution personnelle et mobilière en octrois. A Paris notamment, on déclare irrécouvrables trois millions de francs sur les plus basses cotes de la contribution mobilière et on les prend sur les octrois. Insupportable sous forme d'impôt direct, cette somme devient insensible sous forme d'impôt indirect. » (2)

L'argumentation de M. Thiers est évidemment séduisante au point de vue fiscal ; mais au point de vue de la justice, on ne peut se défendre de faire des réserves. En effet, cette théorie de l'impôt qui atteint toutes les fonctions de l'individu, justifie ce que nous disions plus haut de l'octroi qui est basé sur les besoins avec cette circonstance aggravante qu'il n'atteint qu'une partie des besoins, ceux de première nécessité.

En effet, qu'importe la facilité de perception ? Doit-on considérer un impôt comme impeccable uniquement parce qu'il est aisé à percevoir ? Ce serait une doctrine bien dangereuse pour les populations.

Nous croyons, au contraire, surtout pour les impôts locaux, qu'autant que possible ils doivent revêtir la forme directe. Il faut, ainsi que l'a dit M. Frédéric Passy, regarder en face et les services publics et les charges publiques. Il faut avoir le courage, quand on est gouvernement, municipalité, de dire aux contribuables : Pour tels et tels services qui vous sont nécessaires, j'ai besoin de telles ou telles ressources ; il faut que vous les donniez. Il faut avoir le courage, quand on est con-

(1) De l'*Esprit des Lois*. Liv. XIII, Ch. VII. On aurait dû citer ce que dit le même auteur (Liv. VIII. Ch. XIII) sur le moyen de laisser au peuple l'illusion qu'il ne paie rien : « Pour que le prix de la chose et le droit puisse se confondre dans la tête de celui qui paie, il faut qu'il y ait quelque rapport entre la marchandise et l'impôt, et que, sur une denrée de peu de valeur, on ne mette pas un droit excessif. »

(2) *Assemblée Nationale*, discours de M. Thiers, 26 décembre 1871.

tribuable, de faire les sacrifices nécessaires pour le payement des services que l'on exige, et de donner son argent en connaissance de cause, au lieu de demander à être trompé et de se le faire prendre comme un voleur prend un mouchoir dans votre poche sans vous avertir.

Au fond, que l'impôt soit direct ou indirect, il atteint toujours le contribuable. L'effet nuisible est donc produit dans tous les cas. Seulement, par la forme indirecte, il agit à la façon de la morphine : on l'absorbe par petites potions, peu à peu on augmente la dose jusqu'à ce que l'on tombe névropathe.

En l'espèce, on ne peut que regretter la forme indirecte qu'ont prise les ressources locales. C'est cette forme de perception qui a causé les gaspillages financiers des communes à octroi. Comme il est très facile de se créer des ressources avec des taxes que le contribuable ne voit pas sortir de sa poche, la plupart des villes, dit M. Guillemet, ont fait des folies et ont gagé leurs emprunts sur les octrois.

L'expérience n'a-t-elle pas démontré que ce danger de prodigalité résultait surtout de contributions indirectes ? Si elles présentent l'avantage que le contribuable « paie sans s'en apercevoir », il ne sait donc pas ce qu'elles lui coûtent. S'il ignore ce qu'il dépense, il a une tendance à croire qu'il peut dépenser indéfiniment. Ignorant le rapport de sa part contributive avec le budget collectif, frappé plus vivement des besoins auxquels il voudrait que la collectivité pourvut, que, préoccupé des ressources qu'elle a à sa disposition, il demande toujours une extension des attributions de l'Etat ou des communes, et, par cela même, une extension de leur budget ; si, comme le contribuable anglais, il avait sous les yeux une feuille de contributions lui donnant le total exact de ce qu'il paye ; si, sur cette feuille, il était mis à même de constater qu'il paye tant pour la voirie, tant pour l'éclairage, tant pour la construction, tant pour l'assistance, tant pour la police, le budget collectif prendrait un caractère privé qui l'obligerait d'y porter toute son attention et tout son contrôle. Il trouverait que tel service lui coûte bien cher. Il le comparerait au profit qu'il en retirerait. Au lieu de faire de la politique nuageuse, en ballon, il comprendrait que la plupart des questions sociales aboutissent à des questions de doit et avoir. Les grands mots vagues seraient expulsés des discussions et remplacés par des chiffres précis.

En résumé, si les communes avaient été obligées de recourir aux impôts directs dont le poids n'est pas plus lourd, mais est plus visible, il est probable que, sous la pression de l'électeur éclairé, elles se seraient assagies et auraient été moins prodigues des deniers publics.

Dans ces conditions, nous le demandons à M. Brelay, une réforme susceptible de produire de tels résultats n'est-elle pas digne d'aboutir?

Une autre considération est invoquée par les partisans de l'octroi.

Ecoutons M. de Luçay (1) : « Je considère, avec tous les amis de « l'agriculture, la dépopulation des campagnes comme le plus grand « péril. Or, la dernière barrière qui s'oppose à ce mouvement, c'est « l'octroi. Si l'on abaisse le prix des denrées, on attire encore l'immi- « gration dans les villes. »

Ce raisonnement n'est pas nouveau. Déjà, dans son rapport au nom de la sous-commission des octrois (enquête agricole de 1867), M. Paul Fould formulait en faveur des octrois l'argument suivant : « En éle- « vant le prix des consommations dans les villes, ils mettent un frein « à la dépopulation des campagnes. »

Bien avant M. de Luçay et M. Paul Fould, Victor Considérant s'était fait le défenseur de cette thèse. « Il s'agit, disait-il à la tribune « de l'Assemblée nationale, le 30 août 1848, d'examiner l'effet écono- « mique de la suppression d'un droit d'octroi, par exemple, ou, en « général, de tout ce qui tend à rendre dans une localité déterminée la « vie à meilleur marché.

« Je soutiens, moi, qu'il ne faut pas tendre à mettre la vie à bon « marché dans les grands centres de population.

« Je dis que c'est une plaie pour la France que des villes où s'ac- « cumulent des quantités trop considérables de populations ouvrières. « Je dis que lorsque, par des mesures telles que la suppression des « droits d'octroi, on abaisse sensiblement le prix des choses nécessaires « à la vie dans une grande ville, on s'imagine avoir fait quelque chose « pour le travailleur de ces villes, on se trompe, car l'effet économique de « la mesure est d'amener, au bout de très peu de temps, une nouvelle « quantité de travailleurs dans cette ville. »

Et Victor Considérant concluait en disant qu'il ne fallait, à aucun prix, augmenter les attractions des villes sous peine de provoquer la baisse des salaires par l'abondance des bras sur le marché du travail.

Les événements se sont chargés de répondre à Victor Considérant, et par là même à MM. Paul Fould et de Luçay. Au nombre de 1459, produisant 87 millions en 1857, les octrois passent à 1518 produisant 312 millions en 1892, démontrant ainsi que l'élévation des taxes ne s'opposait pas à l'immigration dans les villes qui n'a fait que s'accroître.

L'octroi ne parvient pas à empêcher l'émigration des campagnes, parce qu'elle dépend de trop de facteurs économiques et sociaux.

Maintenant si on examine cette théorie, on s'aperçoit qu'elle est des

---

(1) Société d'Economie Sociale. Séance du 12 mars 1894. *Réforme sociale* du 16 avril 1894, p. 630.

plus dangereuse en ce sens qu'elle transforme le fisc en un instrument d'oppression dirigé tantôt contre les uns, tantôt contre les autres, suivant les conceptions politiques et sociales des gouvernants. Rien n'est plus grave surtout dans une démocratie où la majorité ressemble trop souvent à un grand enfant qui agit avec peu de discernement.

En terminant l'examen de l'objection collective de MM. De Luçay, Fould et Considérant, nous ne pouvons nous défendre de la mettre en parallèle avec une autre objection présentée également par M. le comte de Luçay, savoir : que la suppression des octrois n'amènerait pas une réduction de prix au profit des consommateurs, mais bénéficierait aux seuls intermédiaires (1).

Il nous semble que nous pouvons enfermer M. de Luçay dans le dilemme suivant :

Ou la suppression des octrois ne profite pas aux consommateurs, et le bon marché de la vie ne se produisant pas, l'afflux des ruraux n'est pas à craindre ;

Ou si l'immigration est redoutée, c'est que l'on sent que la suppression des octrois provoquera une diminution du coût de la vie.

Nous n'insisterons pas, mais nous dirons cependant que la dernière alternative nous paraît la seule exacte.

Nous ajouterons, bien que cela puisse paraître paradoxal, que la suppression des octrois, loin de favoriser la dépopulation des campagnes, est de nature à la combattre, et voici comment : quand, sous la pression de la cherté de la vie, le travail émigre à la campagne, l'ouvrier ne le suit pas, il reste à la ville, à végéter, à attendre des temps meilleurs. Pendant ce temps-là l'ouvrier rural accomplit le travail pour un prix inférieur, et, pour ce motif, a la préférence de l'industriel.

Abaissez le coût de la vie dans l'intérieur de la ville, le travail reviendra dans une certaine mesure, mais le plus souvent sans le travailleur rural qui pourra alors se consacrer entièrement aux travaux des champs.

Il reste encore une objection faite par les partisans de l'octroi, c'est que, l'octroi supprimé, il ne restera plus de moyens d'atteindre les étrangers? — Qu'ils se rassurent, puisque une bonne partie des impôts locaux de remplacement seront demandés aux établissements fréquentés précisément par les étrangers : cafés, hôtels, etc.

D'ailleurs ne se leurre-t-on pas sur la productivité des étrangers au point de vue de l'octroi! M. Yves Guyot cite à ce sujet les recettes de l'octroi de Paris après les années d'exposition, voici les chiffres :

---

(1) Société d'Economie sociale. Séance du 12 mars 1897. *Réforme sociale*, 16 avril 1894, page 630.

Années.	Recettes de l'octroi de Paris.
1864	85.960.000 »
1865	89.949.000 »
1866	96.082.000 »
1867 (Exposition)	100.151.000 »
1868	100.813.000 »
1869	107.557.000 »

De 1866 à 1867, l'octroi n'augmente que de 4 millions, tandis que 1864 à 1865, il avait augmenté de 4 millions aussi. Il reste stationnaire en 1867 et 1868, et augmente, au contraire, de 7 millions en 1869, alors que tous les étrangers en sont partis.

Il en a été à peu près de même pour les Expositions de 1878 et de 1889.

VI

Difficultés de remplacer les Octrois

Si tout le monde ou presque tout le monde se trouve d'accord pour reconnaître les défectuosités ou les injustices de l'octroi, la même unanimité n'existe pas en ce qui concerne les taxes à établir en remplacement.

Ce qui fait hésiter les plus décidés de nos réformateurs, c'est l'importance des ressources à trouver, c'est la proportion considérable que représentent les recettes d'octroi dans les budgets locaux. En 1886, d'après un travail fait par M. Hennequin, chef de bureau au ministère de l'Intérieur, sur la situation financière des communes, il ressort que pour les villes à octroi les recettes municipales qui s'élevaient à 350.860.401 francs se décomposaient comme suit :

1° Produit des centimes sur taxes directes, en 1886 73.085.533 fr.

2° Produit de l'octroi . . . . 277.774.868 fr.

ce qui représente pour les taxes directes 21 °/₀ et pour l'octroi 79 °/₀.

Cette proportion de 79 °/₀ qui existait en 1886 pour une recette d'ensemble de 277 millions ne peut être que supérieure aujourd'hui où ces recettes s'élèvent à 312 millions.

Dans ces conditions, on voit combien la question est grave et complexe. Comment remplacer des recettes aussi importantes ? C'est là où les partisans de l'octroi attendent les réformateurs. En effet, c'est la partie épineuse du problème.

L'extraordinaire difficulté de trouver des taxes de remplacement a eu ce résultat curieux, de transformer en partisans convaincus des personnes qui, jadis, en étaient les adversaires ardents.

Suivant l'expression de M. Yves Guyot (1) pour ces personnes, l'impôt doit rester cristallisé dans la forme qu'il a. Il peut avoir des inconvénients et contenir des injustices, mais on y est habitué. Ce qu'il y a de plus simple, c'est de le conserver. On sait à quoi s'en tenir. Quand on déplace l'impôt on n'obtient pas la reconnaissance de ceux au profit de qui les injustices sont réparées ou à qui des dégrèvements sont accordés : on obtient à coup sûr le mécontentement de ceux qui en sentent plus directement la répercussion ou qui doivent payer davantage. Ne touchez donc pas à l'impôt. Votez-le, ne troublez pas les habitudes et ne provoquez pas d'inquiétudes. »

C'est évidemment le système le plus commode, mais c'est aussi le plus dangereux, car il expose ceux qui l'acceptent à d'amères déceptions.

Aujourd'hui l'opinion publique est, à tort ou à raison, passionnée pour les réformes fiscales. Il y a, en germe, dans l'esprit de tout législateur, des idées de bouleversement total ou général du moule où nous vivons. De temps en temps ces idées se font jour, quelquefois incohérentes, encore mal coordonnées, comme par exemple au sujet de l'impôt progressif, de l'impôt sur le revenu,etc. Il y a là des symptômes dont les partisans de la cristallisation doivent tenir compte s'ils ne veulent pas trop retarder sur leur temps.

Ils doivent surtout se mettre à la besogne en vue d'enrayer le mouvement qui tend à prendre tout aux uns pour exonérer les autres. Car qu'on ne s'y trompe pas, cette tendance est la caractéristique de nos projets de réforme. Ainsi que le disait M. Léon Say, les contribuables qui paient aujourd'hui l'impôt direct n'ont plus qu'une action de moins en moins efficace sur le vote des tarifs et l'assiette de l'impôt direct. On tend de plus en plus à demander des ressources directes au petit nombre pour les employer au profit du plus grand nombre. C'est un renversement du système du vote des impôts par les contribuables ; c'est une doctrine contraire à celle qui est la raison d'être du régime parlementaire. En réalité, la tendance dont nous parlons ne vise rien moins que le rétablissement des classes privilégiées de l'ancien régime. Il y a donc un réel danger à conjurer.

Pour enrayer ce mouvement il ne faut pas dire : il n'y a rien à faire. Il faut examiner les innovations proposées et faire un choix de celles qui sont justifiées. Une fois ce choix fait, il faut étudier sérieusement les moyens de donner satisfaction aux réclamations fondées. En agissant ainsi, on remplit son devoir et on enlève à ceux qui veulent tout révolutionner un de leurs meilleurs arguments.

---

(1) Le *Siècle*, 10 Juillet 1894.

Tels sont les motifs qui nous ont guidé dans l'étude de cette question si complexe de la suppression des octrois. Nous estimons que le *statu quo* amélioré, quoique désirable en attendant, n'est pas suffisant, et qu'il faut tenter une réforme plus complète.

Il y a d'abord lieu de reconnaitre que la question de suppression ne se pose pas d'une façon uniforme pour toutes les villes à octroi. Des distinctions sont à faire, suivant l'importance de chacune d'elles. On conçoit fort bien que pourvoir au remplacement de l'octroi de Paris qui produit 152 millions de francs n'est pas la même chose que remplacer l'octroi de Montségur (Gironde) qui produit 2.942 francs.

Aussi, estimons-nous qu'il faut, en premier lieu, distraire l'octroi de Paris des données du problème à résoudre.

C'est l'importance excessive de l'octroi de la capitale, qui constitue une des grandes difficultés, et on peut dire comme M. Edouard Cohen, « que la question des octrois est encore plus parisienne que nationale (1). »

Nous ne verrions aucun inconvénient à ce qu'un régime spécial soit étudié pour Paris — la situation exceptionnelle faite à cette ville sous tous les rapports, le justifierait surabondamment.

Ce ne serait pas d'ailleurs une innovation. Déjà au point de vue municipal, la loi du 5 avril 1884 n'est pas applicable à la capitale.

Ensuite, précisément en ce qui concerne l'octroi, la ville de Paris est depuis longtemps dans une situation particulière. L'ordonnance du 9 décembre 1814 (art. 102) a prévu pour l'octroi et l'entrepôt de Paris, l'établissement d'un règlement particulier qui, promulgué le 23 décembre 1814, a été modifié par une ordonnance du 22 juillet 1831, laquelle est encore en vigueur.

L'entrepôt industriel visé par le décret organique du 12 février 1870 (art. 8 à 14) a été remplacé pour la ville de Paris, par un système de compensations entre les entrées et les sorties, par le décret du 10 janvier 1873. Ajoutons encore, bien que ce ne soit pas une question d'octroi, que les 27.000 débitants parisiens ne sont pas assujettis à la licence. — C'était là une immunité que M. Burdeau, ministre des finances, dans son projet de réforme du régime des boissons du 17 mars 1894, voulait faire cesser.

En un mot, l'octroi parisien est sous un régime d'exception que nous n'avons pas qualité pour discuter, mais dont le caractère vient à l'appui de notre thèse.

Au point de vue des grands intérêts parisiens en jeu, il ne sera pas mauvais que le régime nouveau à appliquer, si toutefois on change quelque chose, soit étudié par le Parlement. Les contribuables parisiens ont tout avantage, croyons-nous, à subir la tutelle de l'Etat, de nature à les garantir contre les entrainements irréfléchis.

---

(1) *Reforme sociale*, 16 décembre 1893, p. 879.

Si on admet la possibilité de faire un régime spécial à Paris au point de vue de l'octroi, les données du problème se simplifient

Les recettes totales d'octroi (1892) étant de. . . .	312.856.187
Celles de l'octroi de Paris étant de.	152.293.588
Il reste pour 1.517 octrois. . . . . . . fr.	160.562.599

Comment se décomposent les 160 millions ci-dessus, voici les chiffres arrondis :

Vins 28 millions Cidres 2 1/2 — Bières 13 —	Boissons. . .	43,5 millions.
Alcools.		15,5 —
Huiles		0,5 —
Viandes . . . 37,5 Autres comest. 15	Comestibles. .	52,5 —
Combustibles		18 —
Fourrages.		11,5 —
Matériaux.		16 —
Objets divers		2,5 —
	TOTAL	160 » millions.

Ainsi, les impôts d'octroi qui atteignent les produits alimentaires s'élèvent, pour la province, à 112 millions sur 160, ce qui représente exactement 70 0/0. Les taxes sur les combustibles, les fourrages, les matériaux forment 30 0/0.

Comment peut-on remplacer ces 160 millions de taxes !

Ici nous devons déclarer que si les taxes de remplacement ne sont demandées qu'aux seules villes à octroi, le remède sera pire que le mal et que mieux vaut conserver le *statu quo*.

C'est cependant le système adopté par la Chambre des députés, le 4 mai 1893.

Dans un rapport que nous avons présenté à la Société d'Economie politique de Lyon, le 18 mars 1892, nous croyons avoir démontré combien seraient lourdes les aggravations de charges que la suppression des taxes d'octroi ainsi réalisée entraînerait pour les contribuables.

Les exemples cités sont relatifs à la Ville de Lyon, mais on peut, sans crainte, généraliser et appliquer le même raisonnement aux autres villes.

Il faut cependant reconnaître que parmi les taxes d'octroi il en est qui ne sont défectueuses que par leur mode de perception ; telles sont les taxes sur les matériaux, les fourrages et les alcools.

Le montant de ces taxes peut parfaitement être perçu autrement. Ainsi, les droits sur les matériaux peuvent être payés au moment où se délivre la permission de voirie pour construire.

La taxe sur les fourrages pourrait se greffer sur la contribution des chevaux et voitures, en tenant compte, comme cette contribution des diverses catégories d'éléments imposables; quant aux taxes sur l'alcool, il serait bon de donner le droit aux municipalités d'établir des licences ou patentes spéciales pour les établissements où se débitent des liqueurs et spiritueux. — Le produit de ces licences ou patentes devrait obligatoirement couvrir largement les recettes actuelles provenant de l'alcool.

Quant à la taxe sur les combustibles on parle de la convertir en une taxe sur les cheminées; nous répugnons à cette idée, et pour les mêmes raisons que nous combattrions l'impôt des portes et fenêtres s'il était à établir, nous repousserions un impôt sur les cheminées.

La taxe sur les combustibles doit être remplacée selon nous par les mêmes moyens que les taxes sur les produits alimentaires.

Dans cet ordre d'idées, les recettes à remplacer se subdivisent ainsi :

1° Taxes dont le mode de perception seul est défectueux (matériaux, fourrages et alcools)	45 millions
2° Autres taxes (Boissons, comestibles)	115 »
Total égal . .	160 »
Mais de ce total de.	160 »
Il convient de déduire une part proportionnelle des frais actuels de perception qui seront supprimés pour la plus grande partie ; on peut évaluer l'économie, toutes compensations faites avec les dépenses de casernement, les retraites et indemnités à allouer au personnel, et les frais de la nouvelle perception à	10 »
C'est donc une somme de.	150 »

à retrouver en recettes nouvelles.

Les taxes sur les boissons, comestibles, combustibles représentent un peu plus de 70 % des taxes à remplacer. Cette proportion paraît être une moyenne exacte si on en juge par les recettes d'octroi de Lyon.

En 1893, l'octroi de cette ville à produit 11.031.000 fr. se subdivisant ainsi :

Boissons et liquides. .	4.741.000	8.348.000
Viandes et comestibles .	3.081.000	
Combustibles.	526.000	
Alcools	872.000	2.517.000
Matériaux	1.163.000	
Fourrages	482.000	
Divers.		166.000
		11.031.000

Ainsi qu'il a été dit les droits actuels sur les alcools, les matériaux, les fourrages, majorés légèrement pour éviter des mécomptes peuvent continuer à être perçu sous une forme différente.

Quant aux 8.348.000 fr. afférants aux boissons, liquides, comestibles et combustibles il faut trouver d'autres taxes.

Les divers systèmes auxquels on puisse avoir recours sont :

1° Les centimes additionnels

2° L'impôt sur la valeur locative.

3° L'impôt sur la valeur vénale.

Nous allons examiner l'application de ces divers systèmes aux recettes de l'Octroi de Lyon.

On sait en quoi consistent les centimes additionels. Le principal de l'impôt, c'est-à-dire la somme prélevée par l'Etat étant connu, le centime est représenté par la centième partie de ce principal.

Ainsi pour Lyon, le centime s'établit ainsi en 1893.

Impôt foncier : propriétés non bâties.	36.700
— propriétés bâties . . .	1.784.276
Portes et fenêtres.	840.971
Personnelle-mobilière	1.288.611
Patentes	2.703·654
Total. . . .	6.654.212

Le centime vaut la centième partie de ce principal soit 66.542 12.

Si l'on s'adresse aux centimes additionnels pour remplacer les recettes fournies par l'Octroi, déduction faite de celles dont le mode de perception serait seul changé (matériaux, fourrages, alcools) on voit que pour obtenir 8.348.000 fr. il faut environ 125 centimes 1/2 additionnels aux quatre contributions directes.

Voici le tableau comparatif des charges actuelles et des charges nouvelles qu'entrainerait la suppression de l'octroi :

Tableau comparatif. — Chiffres de 1893.

Charges actuelles.		Centimes nouveaux.	Charges totales.
Propriétés non bâties :			
Principal	36.700		
Centimes actuels .	42.065		
	78.765	46.058	121.823
Propriétés bâties :			
Principal	1.784.276		
Centimes actuels .	2.139.528		
	3.923.801	2.239.266	6.163.070

Portes et fenêtres :			
Principal	840.971		
Centimes actuels .	837.635		
	1.678.606	1.054.517	2.733.123
Personnelle mobilière :			
Principal	1.288.611		
Centimes actuels .	1.721.878		
	3.010.489	1.617 216	4.627.705
Patentes :			
Principal	2.703.654		
Centimes actuels .	3.292.293		
	5.995.947	3.392.585	9.388.532
TOTAUX. . .	14.687.611	8.349.642	23.037.253

En résumé, les impositions actuelles, centimes compris, si les taxes de remplacement de 8.348.000 fr. étaient demandées aux contributions directes, seraient augmentées comme suit :

L'impôt foncier des propriétés non bâties de 60 0/0 environ
— — bâties . 57 0/0
— portes et fenêtres. 63 0/0
— personnelle mobilière 52 0/0
— patentes 54 0/0

La propriété immobilière qui paie aujourd'hui (foncier et portes et fenêtres) . . . . 5.681.175 fr.
Paierait en plus 3.339.741

Soit au total . . . . 9.020.916 fr.

Mais comme en définitive, les impôts sur la propriété se répartissent sur la valeur locative et que, d'après les relevés de l'administration des contributions directes, la valeur locative est affectée à Lyon :

42 0/0 à l'industrie et au commerce ;

58 0/0 à l'habitation.

On voit d'ici ce qui se passerait : l'industrie et le commerce qui paient déjà comme patentes en principal et centimes . . . 5.995.947 fr. auraient à payer encore :

1° Les centimes additionnels nouveaux propres à la contribution des patentes. 3.392.585

2° 42 0/0 de la charge nouvelle de la propriété bâtie 1.402.691

Total. . . . . 10.791.223 fr.

Soit une surcharge de 80 0/0 environ des impôts actuels.

L'industrie et le commerce supporteraient ainsi directement et indirectement près de 60 0/0 des taxes de remplacement sans compter les augmentations de cotes mobilières du logement des patentés et la taxe spéciale qui, dans le présent système doit atteindre les débitants de de liqueurs et spiritueux.

Il est indiscutable que la plus grande partie de l'augmentation qui atteindrait le commerce retomberait sur les petits commerçants (1), il en résulterait que les petits patentés chercheraient à récupérer ces droits sur les prix de vente, ce qui annulerait dans une large mesure l'effet bienfaisant de la suppression de l'octroi.

On ne saurait donc pas désirer une suppression effectuée dans ces conditions.

Ce qui, au point de vue des centimes additionnels, se passerait pour la Ville de Lyon, se passerait également pour un certain nombre de villes à octroi, mais d'autre part, un nombre considérable de petits octrois pourrait employer ce moyen sans grandes difficultés. M. Guillemet, dans son rapport du 7 avril 1892, indique le dénombrement des communes d'après le nombre de centimes additionnels que les taxes de remplacement rendraient nécessaires. Il faudrait pour remplacer l'octroi : (2)

Moins de 50 centimes additionnels dans. . . .		906	communes
De 50 à 100 centimes	—	309	—
De 100 à 150 centimes	—	200	—
Plus de 150 centimes	—	113	—
Total des octrois.		1.528	(en 1886).

Il semble résulter de ce tableau que dans beaucoup de cas on pourrait employer les centimes additionnels comme taxes de remplacement.

Mais pour les grandes villes, la situation est plus difficile en raison du nombre très élevé de centimes que nécessiterait le remplacement ; néanmoins, la solution n'est pas cependant impossible.

Il nous reste à examiner ce qu'il adviendrait si on prenait pour base des taxes de remplacement la valeur locative ou la valeur venale.

---

(1) En 1891, Lyon comptait 33.046 patentés répartis ainsi :

Tabl. A, 1re et 2e classes. . . .	2.062	payant	1.335.939 fr.
Tabl. B (haut commerce). . . .	560	—	451.940
Tabl. C (industrie)	1.587	—	463.198
Tabl. D (prof. libérale).	829	—	138.580
	5.038		2.389.657 fr.
Tabl. A, 3e à 8e classe (commerce ordinaire et détail)	28.008		3.534.321
	33.046		5.923.978

(2) D'après le travail de M. Hennequin, déjà cité.

Pour les raisons qui ont été indiquées à propos des centimes additionnels, il serait dangereux de taxer les locaux du commerce. L'impôt ne devrait donc porter que sur les locaux d'habitation.

La valeur locative de ces derniers étant à Lyon de 34,604,000 fr., la taxe devrait pour atteindre 8,348,000 fr. être d'environ 25 0/0 de la valeur locative !

Cette taxe déjà exorbitante devrait encore être augmentée du fait des non-valeurs.

En 1891, sur 135,357 locaux recensés, il y en a 87,649 d'une valeur locative inférieure à 400 fr. Or, comme les loyers inférieurs à cette somme sont à Lyon exonérés, en totalité ou en partie, de la cote mobilière (1), il est difficile d'admettre que l'on puisse facilement obtenir de ces contribuables une taxe directe égale au quart du loyer.

Par conséquent, si on déduit de la base imposable ces logements dont la valeur locative parait être de 10 millions environ, il reste 24,600,000 fr. qui devront supporter la taxe de remplacement, c'est-à-dire qu'il ne faudra pas moins de 33 0/0 de la valeur locative des habitations de 400 fr. et au-dessus pour produire la somme nécessaire (2).

La charge serait réellement trop lourde et provoquerait des protestations fondées.

L'impôt sur la valeur vénale est le moyen préconisé par le Conseil municipal de Lyon dans sa délibération du 20 mars 1888.

Si nous l'appliquons avec les chiffres donnés par l'administration des contributions directes pour 1892, on constate que la valeur vénale totale des propriétés bâties de Lyon, étant de 1,150 millions, il faut pour produire 8,348,000 fr. environ 73 centimes pour cent francs de valeur vénale, c'est-à-dire que si on suppose un rendement de 5 0/0, on demandera un impôt de 14 1/2 0/0 du revenu brut.

On voit d'ici le krack qui se produirait sur la propriété le jour où un nouvel impôt de 14 0/0 serait mis sur son revenu.

Le Maire de Lyon, dans le rapport qu'il a présenté au Conseil municipal, explique que cette taxe est facile à établir puisqu'au lieu de 140,000 contribuables à imposer si la valeur locative était prise pour base de l'impôt, il n'y aurait à inscrire que 16 à 17,000 articles, chiffre égal au nombre de propriétaires.

Puis le locataire est mobile. Le propriétaire ne l'est pas, D'ailleurs, la maison, le terrain sont là qui répondent de l'impôt.

---

(1) Jusqu'à 180 fr. exemption.
De 180 à 400 fr. demi-cotisations.

(2) Nous n'admettons pas le dégrèvement général tel qu'il fonctionne. Nous voudrions au contraire que tout le monde payât.

Ensuite, la taxe sur la valeur vénale permettra d'atteindre les locaux inoccupés et empêchera des vacances trop prolongées.

Cette taxe atteindra mieux le propriétaire qui habite un immeuble de luxe, et qui ne paie pas un impôt proportionnel (1).

L'impôt sur la valeur vénale aura l'avantage de faire payer les jardins, clos et parcs, adjacents ou non à l'habitation, et qui actuellement sont fort peu imposés.

Les terrains de spéculation qui accumulent du revenu pour l'avenir seront également frappés.

Avant M. le maire de Lyon, M. Yves Guyot (2) avait préconisé l'impôt sur la valeur vénale ; cette opinion dérivait de la thèse présentée par M. Ménier et appuyée par M. Yves Guyot de l'impôt sur le capital.

L'imposition projetée de la valeur vénale mérite que l'on s'y arrête, parce qu'elle est de forme séduisante et paraît assez simple.

Voyons d'abord si une taxe assise exclusivement sur la propriété est légitime.

Parlant de la taxe sur la valeur vénale de la propriété comme moyen de remplacement des octrois, M. Guillemet s'exprime ainsi : « Voilà « certes un impôt qui remplit bien toutes les conditions qu'on doit « exiger de l'impôt communal, puisqu'il frappe ceux-là surtout qui « bénéficient des améliorations et des embellissements auxquels sont « affectées les ressources de la commune. »

L'argument est spécieux, lisons-nous dans le *Bulletin de la Chambre Syndicale des Propriétés immobilières de la ville de Lyon* (3) et ne tend à rien moins qu'à mettre la propriété en dehors du droit commun.

C'est, en effet, tout d'abord s'écarter étrangement des principes usités en matière d'impôt, que d'avoir la prétention de les établir proportionnellement aux bénéfices directs que le contribuable paraît retirer des services publics de l'Etat ou de la commune. Où en arriverait-on, si l'on entrait dans cette voie ?

Ce serait faire crouler sur sa base le système entier de nos impôts, ouvrir la porte à l'arbitraire, et aboutir irrémédiablement à la confusion la plus inextricable. La Constituante a proclamé le seul principe qui puisse nous guider, celui dont on ne saurait se départir sans danger ; il veut que chaque citoyen soit tenu de payer sa part de toutes les charges publiques, proportionnellement à ses facultés et à sa fortune.

---

(1) Cette assertion a perdu sa valeur depuis la transformation de la contribution foncière des propriétés bâties d'impôt de répartition en impôt de quotité.

(2) Proposition de loi sur la suppression des octrois du 22 juin 1886.

(3) 1er septembre 1893.

Peut-on, d'ailleurs, raisonnablement avancer que les ressources communales soient exclusivement, ou même pour la plus grande part, affectées à des travaux de voirie, à des embellissements intéressant la propriété ? Est-ce qu'à côté de la voirie, l'assistance publique, les écoles. les théâtres, musées, bibliothèques, monuments, les services de toute sorte, les bureaux, la police, etc., ne grèvent pas dans une large mesure le budget de la Cité ?

Par conséquent, il serait injuste même en admettant la théorie de l'équivalence rigoureuse entre les impôts sur les services rendus, de faire supporter à la propriété, la totalité des charges municipales, puisqu'un grand nombre des dépenses ne concernent aucunement la propriété.

Maintenant qu'est-ce que la valeur vénale ? Quel est son criterium ? Il faudra s'entendre à ce sujet, car c'est un mot qui est susceptible de bien des interprétations différentes.

Il ne sera pas facile de déterminer cette valeur vénale, sauf quand il y aura un acte de vente authentique ; et encore, les actes authentiques pouvant être déclarés non probants à raison des circonstances particulières dans lesquelles ils sont intervenus.

La valeur vénale sera-t-elle le prix de revient ? Ce serait une base essentiellement fausse dans beaucoup de cas, puisque comme toutes choses matérielles, les immeubles sont soumis à la loi de l'offre et de la demande et que le prix résultant de cette loi peut n'avoir rien de commun avec le coût de revient.

La valeur vénale sera-t-elle calculée d'après le revenu ? Ce serait ce qu'il y aurait de plus logique, et cependant il se produirait beaucoup de difficultés car il faudrait établir des rapports différents entre les revenus et les sources qui les produisent. Ainsi un immeuble misérablement construit peut rapporter autant qu'un autre très confortable ; la valeur vénale n'est cependant pas la même.

Empruntera-t-on le système de l'enregistrement, qui consiste à évaluer à vingt fois le revenu, la valeur en capital d'un immeuble ? Ce procédé serait inapplicable aux terrains non bâtis dont le revenu est insignifiant.

En ce qui concerne la taxation des terrains non bâtis qui accumulent, dit-on, du revenu pour l'avenir, on serait en plein arbitraire et les difficultés seraient inextricables.

Un impôt aussi lourd sur une valeur vénale improductive, n'est-il pas une iniquité, puisqu'il atteint le capital dans sa source même et peut arriver à le supprimer.

Indépendamment des difficultés existant pour la fixation de la valeur vénale, il convient de remarquer combien un impôt mis sur cette valeur causerait de préjudice à la propriété sans avantages pour personne. Si cet impôt est fixé à 5 pour 1000 fr. de valeur vénale par exemple, cela représente 10 0/0 du revenu au taux de 5 0/0. C'est donc une diminution de valeur vénale de 10 0/0 que cet impôt causerait au propriétaire en cas de vente, et ce du jour au lendemain, simplement parce que l'acquéreur d'un immeuble retient toujours sur le prix une somme dont les intérêts représentent à peu près le montant des charges annuelles. L'établissement d'un impôt sur la valeur vénale, grevant directement le propriétaire serait une perte sèche considérable, un capital évanoui sans compensation.

Il n'est pas juste que la propriété immobilière soit taxée de préférence aux autres formes de la richesse publique. Le propriétaire d'immeuble ne mérite pas un traitement plus dur que celui qui est fait au rentier, au propriétaire de valeurs mobilières. On peut même dire que le propriétaire d'immeuble mérite un traitement plus favorable, puisque c'est lui qui, sur un terrain nu, crée une nouvelle matière imposable, et fournit ainsi des ressources au Trésor public.

En terminant ces observations concernant la taxation sur la valeur vénale, sur la propriété immobilière, nous devons faire remarquer que cette forme d'impôt risque de favoriser, comme l'octroi, le gaspillage des finances municipales.

Dans une des premières éditions de son *Traité de la science des finances,* M. Leroy-Beaulieu condamnait l'octroi mais ne voulait pas le remplacer uniquement par une augmentation de l'impôt foncier — « quoique l'impôt foncier sur les maisons, dit-il, retombe, en définitive, dans les villes prospères, sur les locataires ; néanmoins, comme des gens ignorants ne se rendent pas compte de cette incidence ; comme en outre, il faut du temps pour que cette répercussion s'accomplisse, les membres des municipalités des grandes villes, lesquels représentent, en général, le parti populaire, pourraient être enclins à augmenter considérablement les dépenses, dans la pensée que les propriétaires en paieraient seuls les frais et que les ouvriers n'y contribueraient pas. Rien n'est plus faux que ce calcul, mais il est possible ».

On a parlé d'établir un impôt sur le revenu. Les promoteurs de cette idée ne lui ont guère donné de développement et il est assez difficile de démêler leur pensée.

Quoi qu'il en soit, nous croyons qu'un impôt local sur le revenu ne peut être établi équitablement. M. Chamberlain disait à la Chambre des communes, le 23 mars 1886 : « J'avais proposé d'établir un *income-* « *tax* local. Mais c'est difficile. Comment établir les différentes cotes « des personnes qui ont plusieurs résidences ou établissements dans des « districts différents ? »

Sans aborder le fond de la question, constatons tout d'abord que les revenus sont atteints actuellement sous leurs formes les plus diverses ;

il se peut qu'ils ne soient pas tous atteints également, mais ce motif est insuffisant pour justifier la création d'un impôt de superposition sur des objets déjà lourdement taxés.

Quant aux autres impôts basés sur la superficie, le cube d'air, etc., ce ne sont que des variétés de l'impôt foncier et mobilier et suscitent les mêmes objections que celles faites aux centimes additionnels, à l'impôt sur la valeur vénale ou locative.

VII

Concours des Impôts généraux.

Ainsi que nous l'avons dit plus haut, si les taxes de remplacement ne sont demandées qu'aux seules villes à octroi, mieux vaut le *statu quo* qu'une pareille réforme. Mais si au contraire on fait intervenir les impôts généraux, la suppression des octrois devient plus facile et la répercussion des taxes de remplacement infiniment moins dure.

Mais ici se placent les objections des partisans de l'octroi d'une part, et des adversaires de l'octroi d'autre partqui voulant à tout prix voir disparaître cet impôt, font toutes les concessions imaginables.

Ces objections sont-elles si fortes qu'on ne puisse en stricte justice passer outre. C'est ce que nous allons examiner.

Le problème à élucider est celui-ci : les villes à octroi seules ont-elles intérêt à la suppression de l'octroi et l'agriculture elle-même n'y est-elle pas largement intéressée ?

Ecoutons M. Yves Guyot :

« Non seulement la suppression des octrois aurait un avantage pour « les agglomérations urbaines en abaissant le prix des denrées alimen- « taires, en supprimant les obstacles que cette fiscalité dresse devant « l'industrie et le commerce ; mais par cela même que le foyer de « production et de consommation serait avivé, vous faites un appel « plus grand aux produits de la culture ; vous augmentez le rayon « d'approvisionnements des villes ; vous établissez une plus grande « circulation entre les produits manufacturiers et les produits maraî- « chers et agricoles : ces avantages si évidents, si palpables qu'il est « inutile d'insister sont-ils donc à dédaigner au double point de vue « économique et politique ?

« Le paysan est obligé de faire l'avance du droit d'octroi ; il paie « pour le bois, pour le foin, pour le beurre, pour la volaille qu'il porte « au marché, si bien qu'il se figure que c'est lui qui paie ce droit, bien

« qu'il n'en fasse que l'avance; et cependant il n'a pas complètement « tort d'avoir cette appréhension, car en cas de baisse de prix, c'est bien « lui qui le supporte. De plus, il est contraint à un débours quelquefois « fort élevé pour les animaux qu'il conduit aux foires et aux marchés; et « quiconque connait les paysans sait combien ces formalités qui consis- « en papiers illisibles et qui se traduisent de sa part en avances de bon « argent lui sont antipathiques. En l'en délivrant, vous lui donnerez « une satisfaction proportionnée à ses ennuis d'aujourd'hui. » (1).

Ajoutons toutefois, pour qu'il n'y ait pas d'équivoque, que M. Yves Guyot reste partisan des taxes de remplacement uniquement locales.

Dans l'enquête agricole de 1867 les cultivateurs s'accordaient à déclarer que l'octroi, déjà vexatoire par ses longues et gênantes formalités, mettait encore, par l'obligation d'avancer le montant des droits, le paysan dans la nécessité de vendre à tout prix les denrées acquittées pour ne pas perdre le droit payé. En outre, on faisait remarquer que l'octroi frappe plus durement le petit cultivateur que le gros fermier ou le riche propriétaire. Tandis que ces derniers vendent sur échantillons, et que l'acheteur va prendre livraison chez eux, le petit cultivateur, au contraire, est obligé d'apporter ses denrées au marché pour en tirer parti.

En 1867, un grand nombre de commissions départementales ont émis des conclusions en faveur de la suppression des octrois (2).

La Commission supérieure de l'enquête agricole n'osa se prononcer pour une mesure aussi radicale que la suppression. Elle consacra à cette discussion les deux séances des 10 et 13 décembre 1869. M. Guillaumin fit observer qu'on devait tenir compte des faits de l'enquête. M. André prononça un vif réquisitoire contre les octrois. Malgré cela, la majorité considéra qu'il n'était pas possible de supprimer l'octroi; qu'il n'y avait pas de taxe de remplacement ayant la même élasticité; que le système belge, qui consiste à attribuer aux communes une portion des produits de la douane a deux inconvénients: placer les communes dans la dépendance de l'État au point de vue de leurs finances, et porter ainsi, dans une certaine mesure, atteinte à leur autonomie; enfin à faire payer aux

---

(1) *Proposition de loi sur la suppression des octrois*, 1886.

(2) Suppression pure et simple de l'octroi : Allier, Puy-de-Dôme, Tarn, Côtes-du-Nord.

Suppression en ce qui concerne les produits agricoles : Seine-et-Marne.

Suppression et remplacement par un autre impôt : Cher.

Suppression ou réduction des droits : Aisne, Basses-Alpes, Ardèche, Ardennes, Aveyron, Bouches-du-Rhône, Corrèze, Dordogne, Drôme, Lot, Mayenne, Meurthe, Orne, Haute-Savoie.

Améliorations dans l'impôt : Alpes-Maritimes, Côte-d'Or, Doubs, Eure-et-Loir, Finistère, Hérault, Loir-et-Cher, Nièvre, Nord, Pas-de-Calais, Saône-et-Loire, Seine, Seine-et-Oise, Var.

En faveur de l'octroi : Cantal et Lozère.

habitants des campagnes une partie des dépenses des villes. Nous examinerons plus loin l'objection relative à l'autonomie financière des communes.

Y a-t-il injustice à faire payer aux habitants des campagnes une partie des dépenses des villes? Nous avons vu plus haut quel grand intérêt les campagnes avaient à la suppression des octrois. Examinons maintenant la question au point de vue de la justice.

Nous protestons tout d'abord contre cette théorie qui tendrait à ne reconnaitre comme légitimes que les impôts dont les contribuables tireraient un profit bien visible. A ce compte-là la légitimité des impôts généraux que nous payons tous seraient, dans beaucoup de cas, mis en discussion.

Mais est-il bien exact que le contribuable extérieur ne tire aucun profit des dépenses faites par les villes?

Les 14 millions de Français enfermés dans l'enceinte des octrois ne sont-ils pas les clients les plus sérieux de l'agriculture française?

Cette dernière n'a-t-elle pas avantage à voir augmenter la consommation de ses produits par la suppression d'un impôt qui atteint surtout l'alimentation du plus grand nombre?

On ne peut nier que l'octroi et ses tarifs n'intéressent au plus haut point l'agriculture. Ainsi, M. de Luçay, partisan absolu des octrois, s'est laissé cependant entrainer à demander (1) *que le tarif d'octroi soit soumis à des révision périodiques, auxquelles seraient appelés à concourir les Conseils généraux en même temps que les Associations agricoles.*

Qu'est-ce à dire, si ce n'est que les Associations agricoles ont un grand intérêt dans la question, sinon, pourquoi demander à être entendues?

Ecoutons aussi M. Cohen (2) : « La propriété rurale, sur tout le terri-
« toire de la commune et même du département, doit, à mon avis,
« contribuer dans une certaine mesure à la suppression de l'octroi. Il
« est manifeste que toute la production agricole retirera un grand bénéfice
« de l'abolition des octrois. L'entrée des villes lui étant désormais
« ouvertes, la consommation des produits des champs y sera beaucou
« plus importante, et les prix eux-mêmes en seront très probablement
« plus avantageux pour les producteurs.

« En outre, le mouvement coopératif qui, depuis quelque temps, se
« développe parmi les populations des campagnes, sous l'influence des
« syndicats agricoles, pour organiser dans les villes la vente directe de
« leurs produits de toute espèce, en supprimant la lourde charge para-

(1) Séance de la Société d'Economie sociale du 12 mars 1894.

(2) La question des octrois. *Réforme sociale*, du 16 décembre 1893.

« site des intermédiaires, prendra, par l'abolition des douanes inté« rieures, une très féconde impulsion. Donc, la propriété rurale a un « incontestable intérêt à la réalisation de la réforme. On peut, à bon « droit, lui demander de participer aux sacrifices qu'elle exige.

D'après M. Hervé, la suppression des Octrois profiterait aux campagnes tout autant qu'aux villes « Les octrois frappent en général des produits « agricoles et plus particulièrement des denrées alimentaires. Ils ont, « par conséquent, un double effet : ils atteignent les habitants des villes « comme consommateurs, et les habitants des campagnes comme pro« ducteurs ».

Est-ce que les communes rurales n'envoient pas dans les villes un nombre croissant de malades (1) et de gens sans ressources dont l'entretien pèse lourdement sur l'assistance publique ?

Est-ce que les embellissements des villes, les promenades, les musées, etc., sont à l'usage exclusif des citadins ?

Est-ce que les dépenses de voirie, entretien des rues qui ne sont que le prolongement des routes nationales ou départementales ne servent pas à la viabilité générale ?

Et en se plaçant à un autre point de vue n'est-il pas certain que les grands monopoles exercés par l'Etat, postes et télégraphes, tabacs, allumettes, sels, poudres, atteignent principalement les habitants des villes où l'emploi des services et des produits monopolisés est plus général et plus important qu'à la campagne.

Si on faisait un décompte exact des charges rurales et urbaines, on verrait aisément que ces dernières sont proportionnellement plus élevées que les autres.

Aussi quand il se présente une occasion favorable pour accomplir une meilleure péréquation d'une partie de ces charges, ne doit-on pas la la laisser échapper surtout quand personne ne doit se trouver lésé.

L'objection faite par la Commission de l'enquête agricole de 1867 qui craignait de *placer les communes dans la dépendance de l'Etat au point de vue de leurs finances, et porter ainsi, dans une certaine mesure, atteinte à leur autonomie,* ne nous effraye pas beaucoup. Au fond, quel mal y aurait-il à obliger les conseils municipaux à être plus ménagers des deniers publics ?

Déjà la loi de finances afférente aux Contributions directes de 1893

---

(1) Le 15 avril 1894 sur 1110 malades en traitement à l'Hôtel-Dieu de Lyon, il y avait 586 étrangers et 524 ayant leur domicile à Lyon.

En janvier 1894 la proportion des étrangers dans les hôpitaux de Paris était de 64 0/0.

(*Organisation de l'assistance hospitalière*, rapport du Dr Bondet, au Congrès national d'assistance, 1894.)

stipule que les feuilles d'avertissement des impôts directs doivent énoncer :

1° La part revenant à l'Etat ;

2° La part revenant au département et à la commune.

Pourquoi cela ? Simplement pour montrer aux contribuables que les augmentations d'impôts proviennent surtout des dépenses locales, ce qui est la vérité.

Il ne faut pas se payer de mots. La liberté financière laissée aux communes est trop grande surtout avec les tendances que nous avons déjà signalées et qui consistent à demander des ressources directes au petit nombre pour les employer au profit du plus grand nombre.

Une certaine tutelle est donc nécessaire ; peut-être ne serait-ce pas le remède rêvé ; mais si cette tutelle, ainsi que nous l'exposons dans la suite, ne s'exerce pas de trop loin elle pourra avoir de bons résultats.

VIII.

Comment pourrait-on remplacer l'octroi?

M. de Luçay, dans la séance de la Société d'Economie sociale du 12 mars 1894, reconnaît (1) qu'il ne serait possible de remplacer fructueusement les octrois que par un prélèvement sur les impôts généraux de consommation, ainsi qu'il est fait depuis 1860, en Belgique, ou par un concours de l'Etat ainsi que cela eût lieu en France à la fin du siècle dernier. Or, de deux choses l'une : ou bien le prélèvement serait fait seulement en faveur de 1519 villes à octroi, ce qui constituerait à l'égard des communes rurales une flagrante injustice ; ou bien, il faudrait procéder comme en Belgique, établir, au moyen d'un prélèvement général, un fonds destiné à toutes les communes.

Mais M. de Luçay, de même que la Commission de l'Enquête agricole de 1867, repousse ce moyen comme pouvant compromettre l'autonomie communale.

Nous ne saurions trop le répéter : la liberté financière laissée aux communes est trop grande. A l'abri de cette liberté, on peut dire de cette licence, les deniers publics sont trop souvent gaspillés ; un petit accroc à l'autonomie communale qui permettrait de refréner ce zèle dans les dépenses, ou tout au moins de le modérer, nous paraît tout désirable.

---

(1) *Réforme sociale* du 16 avril 1894, p. 636.

Nous croyons, comme M. de Luçay, que le remplacement des octrois ne peut se faire fructueusement qu'avec le concours de l'Etat, en faisant appel aux impôts généraux. M. de Luçay ne vise que les impôts généraux de *consommation ;* nous ne faisons pas de catégories, car nous estimons que les impôts généraux directs et indirects doivent concourir à la tâche.

Nous croyons avoir suffisamment expliqué pourquoi, selon nous, citadins et ruraux devaient être appelés à coopérer aux charges de remplacement qui résulteront de la suppression des octrois, puisque les uns et les autres bénéficieront de la mesure. Toutefois, nous devons reconnaître qu'il ne serait pas possible d'appliquer tel quel le système belge.

Il y a en France 1,518 communes à octroi, mais il y a aussi 34,621 autres communes sans octroi ; par conséquent, on ne peut songer à créer un fonds commun dont la répartition soulèverait des difficultés inextricables.

Mais ce que l'Etat ne peut pas faire lui-même, ne pourrait-il en charger la grande unité administrative : le département.

Les Conseils généraux sont très bien qualifiés pour s'occuper de la suppression des octrois. Déjà ils donnent leur avis sur les tarifs, les règlements, etc. Ils connaissent admirablement les ressources du département. Ils sauront mieux que personne dans quelle mesure chaque contribution pourra aider à supprimer les octrois.

De cette façon, on évitera deux écueils: d'une part, celui d'une réforme violemment imposée par le pouvoir central qui ignore quelquefois les circonstances particulières où se trouve chaque région ; d'autre part, on évitera les fantaisies des municipalités dans le choix et la quotité des taxes de remplacement.

Le Conseil général sera le meilleur juge de l'intérêt des populations rurales dans la suppression de l'octroi ; dans les taxes représentatives qu'ils établiront, ils tiendront la balance égale et s'appliqueront à n'atteindre le contribuable rural que dans une mesure équitable.

La tutelle dont nous signalions l'utilité pour les communes serait utilement exercée par les assemblées départementales (1) car le fait de coopérer aux recettes leur donnerait le droit de décider et de contrôler certaines dépenses qui actuellement font partie du budget municipal et qu'il y aurait lieu de transporter au budget départemental.

---

(1) La suppression des octrois serait une excellente occasion de réviser les dettes des villes et de faire de sérieuses économies. La dette des communes qui était au 31 mars 1891, de 3.293.000.000 fr. pourrait, par des conversions bien réglées, voir diminuer les charges qu'elle comporte.

Nous disons certaines dépenses, car il ne saurait être question de soumettre aux assemblées départementales la gestion complète des deniers municipaux. Mais une grande partie des dépenses de voirie (rues, égoûts, etc.), la création de monopoles d'éclairage ou de fourniture d'eau, monopoles qui, dans la suite, étendent leur action non seulement dans la ville, mais encore dans toutes les communes suburbaines, services d'assistance publique, des aliénés, d'enseignement, police générale et autres matières analogues pourraient sans inconvénient grave ressortir au moins pour partie au Conseil général du département.

Les reproches que l'on pouvait adresser à ceux qui demandaient l'intervention directe des finances de l'Etat dans le budget communal perdent de leur valeur parce que le caractère des assemblées départementales est une garantie contre tout entraînement.

Les examens si délicats, les études si complexes que soulève la suppression de l'octroi seraient bien plus facilement effectués par nos 87 assemblées départementales que par le Parlement.

Il est évident que le département de la Lozère qui n'a 2 octrois rapportant 70.260 fr. (grevés de 10.403 fr, de frais de perception, soit 14,81 0/0) aurait un travail plus aisé que le département du Nord qui compte 73 octrois rapportant brut plus de 14 millions.

Toutefois, l'intervention des Conseils généraux ne saurait avoir pour résultat de supprimer le concours financier de l'Etat, mais il le rendrait plus facile, le cas échéant.

Si, pour remplacer l'octroi, quelques départements se heurtaient à des difficultés telles que le succès de la réforme puisse en être compromis, quel inconvénient y aurait-t-il à ce qu'ils s'adressent à l'Etat ?

Déjà, chaque année, le budget général contient une allocation aux départements, répartie entre eux en raison de leur situation financière, c'est-à-dire d'une manière inversement proportionnelle à leur richesse. C'est une procédure analogue qu'il faudrait suivre pour effectuer la suppression des octrois.

Nous sommes certain que les crédits nécessaires seraient votés par le Parlement, en particulier, par la Chambre qui a si souvent et si ardemment manifesté son désir de voir supprimer l'octroi.

Pour une réforme aussi capitale, le pays accepterait certainement une légère surchage de ses impôts directs. Les contributions foncières, bâtie et non bâtie, la personnelle-mobilière, les patentes même, pourraient prendre une part de la surtaxe au moyen de centimes additionnels, là où la chose est possible ; les Conseils généraux seuls peuvent le dire et déterminer la quote-part pour laquelle chacune de ces contributions interviendrait.

En dehors des contributions directes et des taxes sur les matériaux, les fourrages, les débits, taxes de voirie, droits de halles, marchés, etc., que les Conseils municipaux pourront contiuuer à imposer, la seule caisse à laquelle il sera possible de faire appel est celle de l'Etat.

Mais, le budget est déjà très chargé et aucune recette n'est disponible. Il faut donc songer à de nouvelles ressources.

D'une part, le Parlement pourrait procurer au Trésor une recette considérable, en supprimant, ou plutôt en réglementant le privilège des bouilleurs de cru La fraude dérivant de ce privilège prive le Trésor de sommes considérables.

Ainsi, simplement par la réforme du régime des bouilleurs de cru, et sans relever le droit sur l'alcool, on procurerait à l'Etat des sommes qui lui permettrait d'intervenir efficacement dans la réalisation de la suppression des octrois.

La réforme du privilège des bouilleurs de cru aiderait non seulement à la suppression des octrois, mais aussi au dégrèvement des vins, cidres et bières, au point de vue des droits d'entrée.

Ce côté de la question est des plus intéressant. Il se lie intimément à la suppression des octrois, car le droit d'entrée qui représente pour l'Etat plusieurs centaines de millions est perçu par les octrois là où il y en a.

Bien que rien dans la loi n'oblige les villes à assurer l'encaissement des droits d'entrée, il faut tenir compte de la situation de fait, et ainsi que le commande cette situation, lier les deux questions. C'est pour cela que les deux réformes doivent marcher de pair, et que la suppression des octrois doit entrainer la suppression du droit d'entrée.

Mais le Parlement aura-t-il le courage de toucher aux bouilleurs de cru? Bien des intérêts électoraux sont en jeu sans doute; cependant quand il sera bien démontré que la suppression du privilège énorme des bouilleurs de cru permet de faire la réforme des octrois et des droits sur les boissons, le Parlement, nous l'espérons, s'inclinera

Dans un rapport en date du 15 mars 1894, présenté à la Commission sénatoriale, au nom de l'Administration municipale de la Ville de Lyon, M. Berthélémy suggère l'établissement d'une taxe sur les *transmissions successorales des immeubles urbains*. Le rapport parle aussi d'un *impôt progressif sur l'actif net des successions*.

Nous faisons deux réserves sur ces propositions :

L'une, parce que la taxe projetée n'atteint que les *immeubles urbains*, ce qui n'est pas équitable, puisque les mutations des rentes, valeurs mobilières, etc., n'y seraient pas assujetties. Et cependant, le rentier bénéficie aussi bien que le propriétaire et que l'ouvrier des dépenses municipales. Cette proposition pêche donc au point de vue de la justice.

Quant au caractère *progressif* qui serait donné à l'impôt, nous ne pouvons l'admettre. Nous pensons avec M. Yves Guyot (1) que « la « progression est un rapport variable au gré du taxateur ; et, si elle « n'est pas limitée, elle arrive à la confiscation complète ; si elle est « limitée à un taux, elle aboutit à une extension pour les grandes « fortunes qui la dépassent. »

Nous préférons la proportion qui est un rapport arithmétique, fixe, invariable, qui ne dépend pas de l'arbitraire du taxateur.

Aussi, si de nouvelles ressources devaient être demandées aux transmissions successorales, nous estimons que ce devrait être au moyen d'un simple relèvement du taux des droits actuels, calculés sur l'actif net.

Avant de terminer, nous tenons à préciser un point relatif aux nouvelles taxes locales qui pourront être établies en remplacement des droits d'octroi.

Nous admettons que toutes les contributions directes soient appelées à participer aux taxes de remplacement, aussi bien la contribution foncière que la personnelle-mobilière et les patentes ; la quotité de cette participation sera telle que le jugera le Conseil général.

Mais, ce qui devra être prévu, c'est que *aucune exemption totale ne soit accordée*. Il faut que tous les citoyens paient, chacun suivant sa position. Personne ne pourra s'en plaindre, puisque les charges de l'octroi ne pèseront plus spécialement sur le consommateur.

Selon nous, la proposition de loi votée par la Chambre et soumise actuellement au Sénat est insuffisante. La suppression des octrois est, d'après le texte voté, facultative ; il faut qu'elle soit obligatoire.

« Il importe, dit M. Cohen, que les pouvoirs publics aient, sur le « fond même de la question une opinion arrêtée. S'ils estiment que « l'octroi est un impôt inique et vexatoire dont l'abolition sera un « grand bienfait pour la masse de la population, ils doivent l'abolir « sans réserve et ne pas permettre à de simples conseils municipaux, « par caprice, par insouciance, par de fausses appréciations ou sous « l'influence de considérations purement locales, de rendre stérile l'im- « portante réforme qu'ils jugent nécessaire. » (2)

---

(1) *Siècle*, 10 juillet 1894.
(2) *Réforme sociale*, 16 décembre 1893, p. 887.

RÉSUMÉ ET CONCLUSIONS

I

Il est désirable que l'octroi, impôt mal assis, vexatoire et coûteux à percevoir, provoquant les communes à s'endetter, soit supprimé dans les conditions suivantes :

1° Les taxes de remplacement ne devront pas peser uniquement sur les villes à octroi, mais une partie devra être demandée aux impôts généraux.

2° Il serait nécessaire que, dans cette vue, le Parlement votât la constitution d'un fonds de concours. (Prélèvement sur les sommes à provenir de la réglementation des bouilleurs de cru ; — rehaussement des droits de transmissions successorales autres qu'en ligne directe) ;

3° Intervention des Conseils généraux pour préparer et réaliser la suppression des octrois dans chaque département, en exerçant un contrôle sévère sur les dépenses des communes ; en refusant toute création et prorogation de taxes ou de surtaxes ; en votant des centimes spéciaux et temporaires devant s'éteindre graduellement au fur et à mesure de l'extinction des dettes municipales ; — enfin, en répartissant équitablement les subventions accordées par l'Etat.

II

Les droits actuellement perçus dans les villes à octroi sur les matériaux, les fourrages, les alcools, seront transformés en taxes directes sur les constructions, les chevaux et les établissements où se débitent des liqueurs et spiritueux.

III

Les taxes qui seront perçues en remplacement des droits actuels sur les boissons, les comestibles, les combustibles, devront être directes, réelles et générales. Aucune exemption totale ne devra être accordée.

IV

Ces taxes de remplacement devront porter aussi bien sur la propriété mobilière que sur la propriété immobilière, c'est-à-dire se greffer sur l'impôt mobilier comme sur l'impôt foncier.

V

Les municipalités conserveront le droit de créer des taxes de halles et marchés, de stationnement, de pavage, d'entretien des rues et égouts. Ces taxes devront être approuvées par le Conseil général.

VI

Un régime spécial sera étudié pour la Ville de Paris et le département de la Seine, en ce qui concerne les octrois.

15.578. — Lyon, Imp. du Salut Public, 71, rue Molière.

LES OCTROIS EN 1892

Les éléments de ce tableau sont empruntés au *Bulletin de Statistique et de Législation comparée*, du Ministère des finances. — Avril 1894.

Les recettes ont été divisées en deux catégories:

1° Celles provenant des vins, cidres, bières, huiles, viandes et autres comestibles, combustibles et objets divers, recettes accessoires *(à remplacer par des taxes directes, centimes, etc., tant généraux que communaux)*;

2° Celles provenant des alcools, des fourrages et des matériaux. *(Ces recettes peuvent continuer à être perçues par les villes, mais sous une forme directe: taxe sur les établissements, les débits — sur les chevaux, les constructions.)*

NUMÉROS	DÉPARTEMENTS	NOMBRE des octrois	POPULATION des communes à octroi	RECETTES: VINS, CIDRES, BIÈRES, HUILES, VIANDES, COMESTIBLES, DIVERS	RECETTES: ALCOOLS, MATÉRIAUX, FOURRAGES	RECETTES totales	FRAIS de perception	% DES FRAIS	PRODUIT NET
1	Ain	24	18,926	238,189	29,830	[illegible]	38,061	12,?4	[illegible]
2	Aisne	15	125,568	1,128,521	110,?20	[illegible]	[illegible]	[illegible]	[illegible]
3	Allier	13	107,365	874,924	101,571	[illegible]	[illegible]	[illegible]	[illegible]
4	Alpes (Basses-)	10	31,115	170,100	[illegible]	[illegible]	[illegible]	[illegible]	[illegible]
5	Alpes (Hautes-)	8	26,991	[illegible]	[illegible]	[illegible]	[illegible]	[illegible]	[illegible]
6	Alpes-Maritimes	17	60,200	[illegible]	[illegible]	[illegible]	[illegible]	[illegible]	[illegible]
7	Ardèche	6	15,522	252,588	55,801	[illegible]	[illegible]	[illegible]	[illegible]
8	Ardennes	7	[illegible]	[illegible]	[illegible]	[illegible]	[illegible]	[illegible]	[illegible]
9	Ariège	22	62,090	265,172	78,133	[illegible]	21,190	[illegible]	[illegible]
10	Aube	6	71,026	691,596	[illegible]	[illegible]	[illegible]	[illegible]	[illegible]
11	Aude	7	79,860	792,335	167,12?	[illegible]	[illegible]	[illegible]	[illegible]
12	Aveyron	8	75,123	170,191	[illegible]	[illegible]	80,061	[illegible]	[illegible]
13	Bouches-du-Rhône	30	581,180	8,750,901	3,301,211	[illegible]	[illegible]	[illegible]	[illegible]
14	Calvados	11	150,045	1,261,127	639,711	[illegible]	[illegible]	[illegible]	[illegible]
15	Cantal	13	14,007	210,185	66,177	[illegible]	[illegible]	[illegible]	[illegible]
16	Charente	20	91,117	305,083	295,294	[illegible]	[illegible]	[illegible]	[illegible]
17	Charente-Inférieure	18	[illegible]	[illegible]	[illegible]	[illegible]	[illegible]	[illegible]	[illegible]
18	Cher	3	57,848	[illegible]	[illegible]	[illegible]	[illegible]	[illegible]	[illegible]
19	Corrèze	7	55,867	268,071	[illegible]	[illegible]	[illegible]	[illegible]	[illegible]
20	Corse	9	60,720	111,522	251,753	368,275	37,605	17,47	139,670
21	Côte-d'Or	14	113,797	1,060,726	222,?29	1,282,115	184,197	15,15	[illegible]
22	Côtes-du-Nord	21	91,658	108,150	55,081	163,741	65,221	10,71	128,510
23	Creuse	7	29,103	125,098	25,135	150,711	[illegible]	11,01	179,219
24	Dordogne	20	92,185	611,599	140,61?	755,146	55,608	12,07	673,010
25	Doubs	3	72,803	851,398	177,302	1,028,700	116,511	11,27	882,289
26	Drôme	17	61,481	656,711	180,563	837,271	116,713	13,94	[illegible]
27	Eure	20	96,820	347,077	192,???	540,321	70,768	12,89	[illegible]
28	Eure-et-Loir	7	55,797	181,065	161,322	645,925	[illegible]	11,15	[illegible]
29	Finistère	182	287,087	1,349,131	851,077	2,201,108	221,308	10,19	1,977,?07
30	Gard	13	148,281	1,170,205	274,691	1,844,???	[illegible]	12,81	1,63?,098
31	Garonne (Haute-)	19	205,867	2,572,503	339,870	2,902,373	292,713	13,13	2,610,630
32	Gers	21	75,423	241,105	57,767	[illegible]	19,681	13,1?	254,541
33	Gironde	30	372,736	5,520,??	1,307,171	5,876,011	550,870	13,21	[illegible]
34	Hérault	12	198,507	2,640,563	615,677	3,255,240	383,671	12,10	[illegible]
35	Ille-et-Vilaine	18	162,583	1,695,409	521,676	2,117,085	267,278	8,81	2,117,085
36	Indre	6	40,155	380,111	100,622	480,761	63,111	13,21	413,750
37	Indre-et-Loire	1	70,095	945,211	346,127	1,301,311	151,276	11,85	1,117,108
38	Isère	20	180,085	1,599,815	385,139	1,985,011	203,151	10,23	1,782,213
39	Jura	12	66,255	196,377	116,317	632,721	79,701	12,58	[illegible]
40	Landes	10	56,024	252,276	67,166	319,172	40,570	[illegible]	279,862
41	Loir-et-Cher	5	45,840	103,728	151,729	561,467	71,675	12,76	189,792
42	Loire	16	251,640	3,290,095	677,171	3,110,58?	160,520	12,03	3,150,?87
43	Loire (Haute-)	5	40,571	283,510	61,787	357,027	57,698	16,17	290,090
44	Loire-Inférieure	22	292,015	2,383,401	786,220	3,170,321	100,897	12,65	2,760,151
45	Loiret	23	118,231	892,818	315,964	1,207,782	182,977	15,15	1,024,805
46	Lot	10	17,368	221,650	30,722	251,672	29,105	8,90	[illegible]
47	Lot-et-Garonne	15	127,817	565,399	113,646	679,035	91,507	13,48	588,028
48	Lozère	2	17,500	67,828	7,432	70,230	10,404	14,81	59,857
49	Maine-et-Loire	13	138,071	1,289,093	583,479	1,872,542	194,578	10,39	1,677,984
50	Manche	15	111,590	1,147,195	268,080	1,480,115	167,136	11,29	1,313,959
51	Marne	5	166,794	1,910,073	828,678	2,791,751	287,811	10,30	2,506,907
52	Marne (Haute-)	6	16,019	109,283	82,663	172,115	64,031	33,55	108,177
53	Mayenne	6	58,372	549,177	225,161	754,281	99,258	13,10	655,023
54	Meurthe-et-Moselle	7	[illegible]	[illegible]	517,040	[illegible]	[illegible]	9,52	2,112,829
55	Meuse	4	57,222	690,891	118,081	828,708	95,618	11,54	732,890
56	Morbihan	31	112,298	874,408	311,067	1,180,375	122,478	10,38	1,060,897
57	Nièvre	5	58,076	300,367	71,080	181,062	66,941	[illegible]	111,151
58	Nord	73	925,583	10,702,131	3,014,086	14,307,817	[illegible]	8,01	13,212,278
59	Oise	13	85,049	790,065	312,917	1,111,970	130,298	13,13	981,651
60	Orne	7	76,115	520,080	255,987	711,958	107,866	11,67	627,102
61	Pas-de-Calais	23	211,910	2,086,911	821,012	3,701,087	290,500	9,33	3,138,117
62	Puy-de-Dôme	9	104,919	776,278	230,861	1,007,141	103,100	10,19	811,011
63	Pyrénées (Basses-)	25	128,080	1,131,571	222,512	[illegible]	173,172	12,72	1,180,011
64	Pyrénées (Hautes-)	25	68,744	160,191	[illegible]	578,037	74,069	11,82	503,058
65	Pyrénées-Orientales	27	101,777	151,028	125,016	511,541	81,716	[illegible]	402,896
66	Rhin (Haut-)	2	28,303	201,557	80,327	282,884	11,320	41,56	309,515
67	Rhône	5	[illegible]	8,700,010	2,354,601	11,164,740	[illegible]	8,57	[illegible]
68	Saône (Haute-)	6	37,840	[illegible]	108,708	396,130	63,098	15,91	333,103
69	Saône-et-Loire	15	121,862	809,107	183,517	992,924	112,921	11,30	880,000
70	Sarthe	5	82,227	[illegible]	[illegible]	1,208,107	[illegible]	11,58	[illegible]
71	Savoie	11	30,137	675,198	135,110	810,617	102,227	[illegible]	708,390
72	Savoie (Haute-)	9	36,811	[illegible]	51,001	[illegible]	58,852	[illegible]	352,510
73	Seine-Inférieure	25	[illegible]	[illegible]	3,150,211	[illegible]	1,011,111	[illegible]	[illegible]
74	Seine-et-Marne	9	70,737	791,936	361,861	[illegible]	119,717	10,32	1,011,102
75	Seine-et-Oise	17	308,121	2,538,390	[illegible]	3,161,780	115,860	13,14	3,161,780
76	Sèvres (Deux-)	20	73,911	546,225	[illegible]	735,978	[illegible]	11,18	632,584
77	Somme	8	129,047	1,475,923	600,471	2,087,104	250,947	12,02	1,836,147
78	Tarn	22	125,190	711,215	227,341	938,556	[illegible]	11,26	801,385
79	Tarn-et-Garonne	18	85,461	180,232	100,105	590,277	73,656	12,48	516,621
80	Var	30	415,830	1,557,712	530,183	[illegible]	297,280	12,01	2,170,106
81	Vaucluse	30	115,300	851,801	111,830	995,631	121,565	12,29	875,106
82	Vendée	12	63,130	401,101	129,330	[illegible]	70,867	13,38	458,696
83	Vienne	8	78,038	910,127	[illegible]	1,195,083	156,645	13,10	1,039,138
84	Vienne (Haute-)	13	128,198	1,337,131	375,466	1,712,197	200,180	9,80	1,513,511
85	Vosges	17	81,307	701,652	132,083	833,310	90,798	10,10	800,042
86	Yonne	6	51,187	386,385	112,143	498,528	60,835	12,12	438,143
	Total départements	1,470	11,101,368	[illegible]	36,211,027	[illegible]	16,936,721	[illegible]	[illegible]
87	Seine: départements	14	620,572	5,564,671	6,293,369	11,891,040	981,640	8,33	10,861,100
	Seine: Paris	1	2,380,282	116,990,169	35,735,179	152,259,368	8,513,028	5,61	143,710,380
	Total (Seine)	15	3,006,884	122,555,010	41,059,548	164,121,028	9,528,358	5,80	154,586,920
	Totaux généraux	1,508	11,108,252	231,772,612	78,161,573	312,891,187	24,198,102	8,17	286,367,105

www.ingramcontent.com/pod-product-compliance
Ingram Content Group UK Ltd.
Pitfield, Milton Keynes, MK11 3LW, UK
UKHW020443180726
13839UKWH00004B/1591